www.ingramcontent.com/pod-product-compliance
Lightning Source LLC
LaVergne TN
LVHW050819051026
849532LV00008B/3026
* 9 7 8 9 3 6 9 0 8 9 6 6 6 *

کچھ چہرے کچھ گفتگو

(انٹرویوز)

منظور احمد

Kuch Chahre kuch Guftuguu (Interviews)
by: Manzoor Ahmed
Edition: April '2026
Publisher :
Taemeer Publications LLC (Michigan, USA / Hyderabad, India)

ISBN 978-93-6908-966-6

کتاب	:	**کچھ چہرے کچھ گفتگو** (انٹرویوز)
مصنف	:	**منظور احمد**
صنف	:	انٹرویو
ناشر	:	تعمیر پبلی کیشنز (حیدرآباد، انڈیا)
سالِ اشاعت	:	۲۰۲۶ء
صفحات	:	٦٠
سرورق ڈیزائن	:	تعمیر ویب ڈیزائن

فہرست

جناب ولی قادری سے انٹرویو

میں پچھلے چند ہفتوں سے سوچ رہا تھا کہ جناب ولی قادری سے ملوں اور ایک انٹرویو کی صورت میں، ان کی زندگی، شخصیت اور سماجی و ملی خدمات کا ایک مختصر سا خاکہ روزنامہ "منصف" کے قارئین کے لیے پیش کروں حسنِ اتفاق سے ایک تقریب میں اُن سے ملاقات ہوئی اور انھوں نے اپنی مہربانی سے اپنے آفس پر انٹرویو کے لیے دن اور وقت مقرر کر دیا۔

میں اُس روز مقررہ وقت پر پہونچا اور جناب ولی قادری نے مسکراتے ہوئے میرے سلام کا جواب دیا، بشیر باغ میں واقع اُن کے آفس میں انٹرویو کا دلچسپ سلسلہ شروع ہوا۔ان کی گوناگوں مصروفیات کا صحیح اندازہ مجھے اس انٹرویو کے دوران ہوا. مجھ سے گفتگو کرتے ہوئے، وہ مسلسل متعدد مرتبہ مختلف ٹیلیفون کالس کا بھی بیحد اطمینان، اور سکون کے ساتھ اور دھیمے لہجہ میں جواب دیتے رہے۔ہماری بات چیت کے دوران، فون کرنے والوں کے علاوہ، آفس پر ملاقات کے لیے آنے والوں کا سلسلہ بھی جاری رہا۔اِن ملنے والوں میں انجینئرنگ کی اعلیٰ تعلیم پائے ہوئے ایسے نوجوان بھی تھے جو ولی قادری صاحب کے آفس میں اپنے فن کے کسی شعبہ سے متعلق کچھ عرصہ کے لیے ٹریننگ حاصل کرنا چاہتے تھے۔

مجھے ایسا محسوس ہوا کہ "اِنکار" یا "نہیں" کا لفظ جناب ولی قادری کی ڈکشنری میں ہے ہی نہیں۔ ہر آنے والے پریشان حال اپنے مستقبل سے متعلق متفکر نوجوان سے وہ خندہ پیشانی سے ملتے اور اس کی حوصلہ افزائی کرتے ہوئے مفید مشورے دیتے اور اُسے اپنے آفس میں یا کہیں اور کسی نہ کسی کام سے لگا دیتے۔ اس طرح جناب ولی قادری صاحب نہایت خاموش طریقے سے نئی نسل کے لیے شمعِ راہ کا کام دے رہے ہیں۔ اور ہمارے سماج کی پرخلوص خدمت انجام دے رہے ہیں۔

انھوں نے انٹرویو کے دوران مجھ سے کہا کہ وہ ۱۹۷۹ء میں بحیثیت ایگزیکیٹو انجینئر سرکاری ملازمت سے اپنی مرضی سے قبل از وقت وظیفہ پر سبکدوش ہوئے۔ اُس وقت اُن کا آفس اِرم منزل (پنجہ گٹہ، حیدرآباد) میں تھا۔

انٹرویو کی ابتداء میں اُنھوں نے کہا کہ وہ شہر حیدرآباد کے محلہ دبیر پورہ میں ۲۶۔ مئی ۱۹۲۵ء کو پیدا ہوئے۔ والدین نے سید عبدالولی قادری نام رکھا لیکن آج کل علمی، ادبی اور سماجی حلقوں میں ولی قادری کے نام سے بہت مشہور اور مقبول ہیں۔ انھوں نے کہا ضلع اورنگ آباد کے تین گاؤں ۱۔ گھوڑے گاؤں ۲۔ برم گاؤں اور ۳۔ بھٹ جی گاؤں، اُن کی آبائی جاگیر میں شامل تھے۔ ان جاگیرات کی دیکھ بھال کے لیے، اُن کے والد جناب سید عبدالقیوم قادری، اورنگ آباد میں قیام پذیر تھے۔ ان کے پردادا کا تعلق نیک نور ضلع بیڑ سے تھا جہاں اُن کی انعامی زمینات تھیں۔ انھیں امرائی کا شوق تھا۔ ولی قادری کے والد جناب سید عبدالقیوم قادری کے نانا جناب سید قادر پاشا صاحب کی جاگیرات باسم، ضلع اکولہ میں تھیں۔ انھیں اولادِ نرینہ نہیں تھی۔ والد صاحب کی قضات بھی باسم ضلع اکولہ میں تھی۔ جناب ولی قادری کے والد کے پھوپا جناب غلام محمود صاحب پن چکی ضلع اورنگ آباد میں حضرت بابا شاہ مسافرؒ کی درگاہ کے آخری سجّادے تھے۔

مولانا سید شمن احمد شطاری مرحوم، جناب ولی قادری کے حقیقی ماموں یعنی

والدہ صاحبہ کے بھائی تھے۔

اپنی فوقانی تعلیم کے بارے میں، میرے ایک سوال کا جواب دیتے ہوئے جناب ولی قادری نے کہا کہ ساتویں جماعت تک، ان کی تعلیم گورنمنٹ مڈل اسکول اورنگ آباد میں ہوئی اور ساتویں سے میٹرک تک دھرم ونت ہائی اسکول (حیدرآباد) میں۔ ہائی اسکول میں ان کا مضمون اختیاری اعلیٰ ریاضی تھا۔ فزکس، کیمسٹری اور اعلیٰ ریاضی کے ساتھ انھوں نے انٹرمیڈیٹ کا امتحان اورنگ آباد کالج سے کامیاب کیا اور ۱۹۴۵ء میں عثمانیہ یونیورسٹی سے بی۔ ایس سی کامیاب کیا۔ بی۔ ایس سی میں ان کے مضامین فزکس، کیمسٹری اور اعلیٰ ریاضی تھے۔ عثمانیہ یونیورسٹی میں اپنی طالب علمی کے زمانے کی یادوں کو تازہ کرتے ہوئے مسرت سے بھرپور لہجہ میں آپ نے کہا کہ فزکس، کیمسٹری اور اعلیٰ ریاضی کا پورا اسٹاف نہایت قابل اساتذہ پر مشتمل تھا۔ ان میں سے ہر ایک اپنے مضمون کا ماہر تھا۔ اساتذہ کو اپنے مضامین سے گہری دلچسپی تھی۔ وہ احساسِ فرض، محنت اور دلجمعی کے ساتھ لکچرس دیا کرتے تھے۔ ان کا طریقۂ تدریس ایسا تھا جس سے طلباء کے دل میں حصولِ علم کا شوق پیدا ہوتا تھا۔ شعبۂ فزکس میں جناب نصیر احمد عثمانی، جناب پروفیسر مہدی علی جناب ڈاکٹر رام لعل اور جناب ستیہ نارائن راؤڈھ جیسے قابل اساتذہ مامور تھے۔ کیمسٹری اسٹاف میں جناب پروفیسر خلیل الرحمٰن، جناب طاہر، جناب محمود احمد خاں اور جناب شاہ محمد شامل تھے۔ شعبہ ریاضی میں جناب چودھری برکت علی، جناب خواجہ محی الدین، جناب عباس حسین اور صدر شعبہ ریاضی، پروفیسر کشن چند صاحب ہمارے اساتذہ تھے۔ اس زمانے میں عثمانیہ یونی ورسٹی کے وائس چانسلر جناب قاضی محمد حسین تھے۔ قاضی صاحب کے بعد، جناب ولی محمد اور نواب علی یاور جنگ وائس چانسلر کے جلیل القدر عہدہ پر مامور ہوئے۔

ولی قادری صاحب نے سلسلۂ گفتگو جاری رکھتے ہوئے کہا کہ بی۔ ایس سی کی

طالب علمی کے زمانے میں جامعہ عثمانیہ کے طلبا اور ریلوے والوں کے درمیان اچانک جھگڑا اٹھ کھڑا ہوگیا۔ طلبا نے بطورِ احتجاج ہڑتال کردی۔ طلبا کے قائدین میں سید شاہ بلیغ الدین احمد خاں، اوانکار پرشاد اور عبدالرحمٰن رئیسؔ "وقت" (روزنامہ "وقت" حیدرآباد کے ایڈیٹر) شامل تھے۔

آپ نے کہا کہ یونی ورسٹی کی طالب علمی کے اِس دَور کی خصوصیت یہ تھی کہ عام طور پر طلبا ڈسپلن کے سختی سے پابند تھے۔ ان میں تحصیلِ علم کا والہانہ شوق تھا۔ ہمارے دور کے طلبا، یونی ورسٹی کے ریڈنگ روم اور لائبریری سے پورا پورا استفادہ کرتے تھے اور وہ اپنے تمام اساتذہ کے لکچرس میں نہایت پابندی سے حاضر رہا کرتے تھے۔ ہمارے زمانے میں، طالب علم، اساتذہ کی دل سے تعظیم کیا کرتے تھے۔ یونی ورسٹی کے حدود سے باہر بھی کہیں آمنا سامنا ہوجاتا تو طلبا، اساتذہ کا احترام کرتے۔ طلبا کے ساتھ اساتذہ کا برتاؤ بھی شفقت آمیز ہوا کرتا تھا۔ اساتذہ طلبا کے ہمدرد تھے۔ طلبا کے لیے نیلے رنگ کا یونی فارم لازمی تھا۔ یونی فارم کی سختی سے پابندی کروائی جاتی تھی۔ شیروانی یا کوٹ کے لیے عثمانیہ یونیورسٹی کے ایمبلم والے بٹن بھی استعمال کئے جاتے تھے۔

کبھی کبھی لکچر کے دوران، طلبا اور اساتذہ دونوں کی طرف سے زندگی، زندہ دلی شگفتہ مزاجی اور بذلہ سنجی کے مظاہرے بھی ہوا کرتے تھے لیکن شائستگی کے ساتھ جس سے کلاس روم میں زندگی کی لہر دوڑ جاتی تھی۔ طلبا عموماً ذہین اور حاضر دماغ تھے اور جب اُن کی زبان سے برمحل بے ساختہ چست فقرے نکل پڑتے تھے کلاس قہقہہ زار ہوجاتی تھی۔ ہمارے پرا کٹر جناب پروفیسر مہندر راج سکسینہ تھے ان دنوں جناب پروفیسر بی۔ کے۔ داس، صدر شعبہ زوالوجی تھے۔

گیمس اور اسپورٹس سے اپنی دلچسپی کے بارے میں جناب ولی قادری نے کہا کہ

ہائی اسکول اور انٹرمیڈیٹ میں، اسکول اور کالج کی حد تک بعض گیمس مثلاً بیڈمنٹن وغیرہ میں حصّہ لیا کرتا تھا یا پھر بعض مخصوص دوستوں اور ساتھیوں کے ساتھ، ان کھیلوں میں حصّہ لیتا تھا۔ ٹورنمنٹس میں حصّہ لینے سے مجھے کبھی دلچسپی نہیں رہی۔
جناب ولی قادری نے کہا کہ گریجویشن کے بعد، میں نے بی۔اے (سیول) میں ۱۹۴۷ء میں داخلہ لیا۔ بی۔ای کا نصاب تین سالہ تھا۔ اس وقت بھی بی۔ای میں شرکت کے لیے "انٹرلنس ٹسٹ" میں شرکت لازمی تھی۔ اِس ٹسٹ میں کامیابی کے بعد ہی داخلہ کا مرحلہ طے ہوا کرتا تھا۔ ولی قادری صاحب نے بتایا کہ انھوں نے سررشتہ تعلیمات میں بھی بحیثیت مدرس مختصر سے عرصے کے لیے کام کیا تھا۔ اس سرکاری ملازمت کے بارے میں کہا کہ ۱۹۴۷ء میں بی۔ای (سیول) میں داخلہ سے ایک سال بیشتر یعنی ۱۹۴۶ء میں محکمہ تعلیمات میں ٹیچر کی حیثیت سے انھوں نے ملازمت اختیار کی۔ گورنمنٹ پراکٹنگ (مشقی) ہائی اسکول خیریت آباد (حیدرآباد) میں (Rs 90 — 120) کے گریڈ پر تعیناتی عمل میں آئی۔ اسکول کے صدر مدرس جناب زاہد حسین تھے۔ ولی قادری صاحب کو آٹھویں اور نویں جماعت میں ادنیٰ ریاضی اور اعلیٰ ریاضی کی تدریس کا کام سپرد کیا گیا۔ انھوں ۱۹۴۷ء میں بی۔ای (سیول) میں داخلہ کے بعد، ہائی اسکول کی اس ملازمت کو چھوڑ دیا۔

ولی قادری صاحب نے کہا کہ انجینئرنگ کالج میں ہمارے پرنسپل جناب سمیع اللہ شاہ صاحب تھے۔ ہمارا ذریعہ تعلیم اردو تھا۔ نصاب کی تمام کتابیں اُردو میں موجود تھیں۔ جناب پی۔ کے۔ گھوش انجینئرنگ کالج کے پروفیسر تھے اور خالص اور شُستہ اُردو میں بڑی روانی کے ساتھ لکچر دیا کرتے تھے۔ گھوش صاحب کچھ عرصے کے بعد نظام کالج کے پرنسپل بھی ہوئے۔ IRRIGATION کے پروفیسر جناب ضیاء الدین انصاری تھے۔ جب میں بی۔ای کے تیسرے یعنی آخری سال

میں آیا تو جناب ضیاء الدین انصاری، انجینئرنگ کالج کے پرنسپل ہوئے۔ انجینئرنگ کالج کے دیگر اساتذہ میں جناب حفیظ اللہ قابلِ ذکر ہیں۔

جناب ولی قادری نے کہا کہ وہ بی۔ای سال دوم میں زیرِ تعلیم تھے کہ حیدرآباد پر پولیس ایکشن ہوا۔ انھوں نے کہا کہ بی۔ای (سیول) کے امتحان میں کامیابی کے بعد، اُن کا پہلا تقرر سوپروائزر کی حیثیت سے مسٹر سیتارام راؤ ملکوٹے، چیف انجینئر کے آفس واقع کنگ کوٹھی روڈ پر عمل میں آیا۔ یہاں انھوں نے ۱½ سال تک کام کیا۔ اس کے بعد تنگبھدرا پراجکٹ کے سروے ڈویژن میں تقریباً ۲½ سال تک کام کرتے رہے۔ اُس وقت ڈویژن ہیڈ کوارٹر ضلع رائچور میں تھا اور سب ڈویژن، سروار کیمپ؛ رائچور سے ۲۲ میل دور تھا۔

سوپروائزر کی حیثیت سے، چیف انجینئر آفس کے ڈیزائن سکشن میں ان کی دوبارہ تعیناتی عمل میں آئی۔ اُس زمانے میں چیف انجینئر مسٹر ڈی۔ وی۔ راؤ تھے۔ یہاں ولی قادری صاحب، سوپروائزر کی حیثیت سے ۱۹۵۶ء تک کام کرتے رہے۔

تنظیم جدید (لسانی تقسیم) کے بعد ۱۹۵۷ء میں وہ اسسٹنٹ انجینئر کے عہدہ پر مامور کیے گئے۔ مریاں گوڑہ (ضلع نلگنڈہ) میں ناگرجنا ساگر سروے ڈویژن پر ان کی تعیناتی عمل میں آئی۔

آپ کا سب ڈویژن کوداڑ (ضلع نلگنڈہ) میں تھا۔ بحیثیت اسسٹنٹ انجینئر، انھوں نے ۲½ سال تک کام کیا۔

انھوں نے کہا کہ اضلاع کی ملازمت کے دوران، شام کے وقت، انھیں فرصت رہا کرتی تھی۔ اس لیے ان فرصت کے دوران، وہ اپنے ساتھیوں کے ساتھ بیڈمنٹن کھیل لیا کرتے تھے۔

۱۹۵۹ء میں انجینئرنگ ریسرچ لیباریٹری، حمایت ساگر میں انھوں نے اسسٹنٹ انجینئر کے مماثل پوسٹ، اسسٹنٹ ریسرچ آفیسر اور کچھ عرصے کے بعد ریسرچ آفیسر کی حیثیت سے کام کیا۔ ریسرچ آفیسر کا پوسٹ ایکزیکیٹو انجینئر کے عہدہ کے مماثل تھا۔

۱۹۶۷ء میں جناب ولی قادری، ڈپٹی ڈائرکٹر GAUGING کے عہدہ پر مامور کئے گئے۔ یہ آفس اِرم منزل (پنجہ گٹہ) میں تھا۔ پورا آندھرا پردیش آپ کے JURISDICTION میں تھا۔ چونکہ یہ عہدہ اکزیکیٹو تھا۔ اسلیے آپ کو آندھرا پردیش کے اضلاع کا دورہ کرنا پڑتا تھا۔ پھر آپ ڈپٹی ڈائرکٹر (ڈیزائن) کے عہدہ پر مامور کئے گئے۔ یہ آفس دوارکا ہوٹل (خیریت آباد) کے متصل تھا۔

۱۹۷۹ء میں آپ نے سرکاری ملازمت سے قبل از وقت وظیفہ ـــــ VOLUNTEERY RETIREMENT لے لیا۔ اُس وقت آپ انجینئرنگ ریسرچ لیباریٹری (حمایت ساگر) میں ریسرچ آفیسر تھے۔ سرکاری ملازمت سے اپنی مرضی سے قبل از وقت سبکدوش ہونے کے بعد ۱۹۷۹ء ہی میں آپ نے "سیول انجنیرنگ کنسلٹنسی، ولی قادری اینڈ اسوسی ایٹس" کے نام سے اپنا دفتر علی گڑھ کاب بلڈنگ بشیر باغ، ہل فورٹ روڈ پر قائم کیا۔ اسٹرکچرل ڈیزائننگ سے آپ کو گہری دلچسپی ہے اب آپ نے رہائشی مکانات کے کامپلکس، سینما، تھیٹر، کمرشیل کامپلکس کی اسٹرکچرل ڈیزائننگ کے ذریعہ اپنے کمالِ فن ثبوت دیا۔ آپ نے یہ نئی مصروفیت، نئے خوابوں اور نئے منصوبوں کے ساتھ شروع کی تھی۔ بسمت محنت اور گہری لگن سے، مختصر سے عرصے ہی میں اسٹرکچرل

ڈیزائننگ میں آپ کی مہارت کے چرچے ہونے لگے اور اس شہرت نے آپ کی مقبولیت میں اس قدر اضافہ کردیا ہے کہ آج کل آپ کا شمار، حیدرآباد کی بے حد مصروف شخصیتوں میں ہونے لگا ہے۔

آپ کے آفس کا اسٹاف، سینئر انجینئرس، جونیر انجینئرس، ڈرافٹسمین، ٹریسر سرویر، بلو پرنٹ آپریٹرس، کمپیوٹر پروگرامر، کلرک اور منیجر یا ریسپشنسٹ پر مشتمل ہے۔ آفس ½9 بجے صبح سے ½5 بجے شام تک کام کرتا ہے۔ میں نے ولی قادری صاحب سے پوچھا کہ اس خشک اور خالص ٹکنیکل کام میں آپ نے کس طرح اس قدر حیرت انگیز مہارت حاصل کی؟ آپ نے کہا کہ مجھے بفضلِ خدا ہمیشہ ماحول اچھا اور حوصلہ افزا ملا۔ اس کے علاوہ یہ میرے ذوق اور دلچسپی کی چیز تھی۔ سررشتہ تعمیرات کے اعلیٰ عہدہ دار بالخصوص جناب اقبال علی صاحب کے ساتھ کام کرنے میں مجھے دلی مسرت محسوس ہوتی تھی۔ وہ ایک قابل انجینئر تھے۔ چونکہ مجھے ریسرچ اور ڈیزائننگ سے ہمیشہ گہری دلچسپی رہی اس لیے کام کرتے ہوئے کبھی میں نے بار محسوس نہیں کیا۔

جناب ولی قادری، جدید ملک پیٹ میں مدرسۂ اعزہ سے متصل قیام پذیر ہیں۔ اپنے پیشے کی مصروفیات کے باوجود جناب ولی قادری بعض سماجی تنظیموں سے وابستہ ہیں اور ان کے پروگراموں اور پراجکٹس کے آگے بڑھانے میں عملی حصہ لیتے ہیں۔ اپنی سماجی اور تہذیبی خدمات کی وجہ سے بھی ولی قادری قدر کی نگاہوں سے دیکھے جاتے ہیں۔ بشیر باغ میں واقع نئے آفس میں آپ کی مصروفیات اس قدر بڑھ گئی ہیں کہ انھیں اپنے محبوب اور پسندیدہ مشغلہ "مطالعہ" کے لیے بہت مشکل سے وقت ملتا ہے۔ اس کے باوجود مطالعہ کا مشغلہ جاری ہے۔

میں نے دریافت کیا کہ انگریزی کے کن ادیبوں اور شاعروں کی تصانیف اور

تحقیقات کا، آپ نے مطالعہ کیا ہے؟ ولی قادری نے مجھے بتایا کہ انھیں طالب علمی کے زمانے سے ہی انگریزی ناول اور شاعری کے مطالعہ سے دلچسپی رہی۔ الگزینڈر ڈوماس، ڈکنس، سر والٹر اسکاٹ، ولیم ورڈسورتھ اور شیکسپئر اُن کے پسندیدہ ادیب اور شاعر تھے۔ انھوں نے کہا کہ وہ شیکسپئر کے پورے ڈرامے پڑھ چکے ہیں۔

اپنے فن سے متعلق یعنی ٹکنیکل عنوانات اور موضوعات پر مضامین لکھنے کے بارے میں انھوں نے کہا کہ ان کے اس قسم کے کئی مضامین مختلف انگریزی جرنلس میں شائع ہو چکے ہیں۔ آبپاشی کے مرکزی بورڈ کے (۳۲) ویں سیشن منعقدہ بمبئی میں، حیدرآباد کے انسٹی ٹیوٹ آف انجینئرس میں، آئی۔جی۔ٹی۔ ایس کے اجلاس میں آپ نے ٹکنیکل موضوعات پر اپنے مقالے پیش کئے تھے۔ عثمانیہ یونیورسٹی کے انجینئرنگ کالج کے "مختصر مدتی کورس" میں بھی ٹکنیکل عنوانات پر آپ نے لکچر دیئے تھے۔ حیدرآباد کے علاوہ بمبئی، بنگلور، ٹریونڈرم، کیمپ کیمورن، مدراس، کلکتہ، ناگپور، سری نگر، چینڈی گڑھ اور دہلی میں سنٹرل بورڈ آف اِرّیگیشن کے اجلاسوں میں آپ نے مقالے پڑھے ہیں۔

مختلف اداروں، انجمنوں اور سماجی تنظیموں سے اپنی وابستگی پر روشنی ڈالتے ہوئے آپ نے کہا کہ میں انڈین جیو ٹکنیکل سوسائٹی دہلی اور نان فارمل ٹکنیکل ایجوکیشن کے بورڈ کے علاوہ C. E. T. I کا رکن ہوں جہاں انجینئرنگ کالج میں داخلہ کے امتحانات کے لیے کوچنگ کا باقاعدہ انتظام ہے۔ جناب ولی قادری، ماکامس (دبیرپورہ حیدرآباد) کے چیرمین اور علاءالدین قراءت اینڈ ٹکنیکل انسٹی ٹیوٹ کے اعزازی پرنسپل ہیں۔ وہ سلطان العلوم ایجوکیشنل سوسائٹی حیدرآباد کے گورننگ بورڈ کے فاؤنڈر ممبر اور خواجہ بندہ نواز کالج آف انجینئرنگ، گلبرگہ (میسور) کے گورننگ بورڈ اور انجمن پارچہ بافی حرمین شریفین کے رکن ہیں جس نے حیدرآباد میں، مدینہ ٹکنیکل کالج قائم کیا ہے۔

میرے ایک سوال کے جواب میں آپ نے کہا کہ میں نے انگریزی کے بعض مشہور

شعراء کی نظموں کا اُردو میں منظوم ترجمہ کیا ہے۔ رابندر ناتھ ٹیگور کی بعض نظموں کے بھی اُردو میں ترجمے کئے ہیں۔ جناب حسن الدین احمد کی مرتّب کردہ کتاب "سازِ مغرب" کے حصّہ دہم میں ایسے چھ ترجمے شامل ہیں۔ "سازِ مغرب" کے گیارھویں حصّے میں اشاعت کے لیے میں نے بعض انگریزی شاعروں کی (۱۶) نظموں کے ترجمے دیئے ہیں۔

ولی قادری صاحب نے انگریزی میں طبع زاد نظمیں بھی لکھی ہیں۔ تاریخی عمارت "چارمینار" پر آپ کی طویل نظم پانچسو اشعار پر مشتمل ہے۔ آپ نے بتایا کہ یہ نظم ۱۹۸۱ء میں پندرہ دن میں مکمل ہوئی تھی۔ آپ نے اقبال کی نظم "ہمالہ" اور "ستارہ" کا ۱۹۸۲ء میں انگریزی میں ترجمہ کیا تھا۔

میرے اس استفسار پر کہ شعر گوئی کی طرف آپ کی طبیعت کیوں اور کیسے مائل ہوئی، آپ نے کہا کہ آپ کی غزل گوئی کی ابتدا ۱۹۷۰ء میں ہوئی۔ ایکزیکیٹو انجینئر آفس واقع ارم منزل (پنجہ گٹہ، حیدرآباد) میں تعیناتی کے دوران، اس آفس کے بعض صاحبِ ذوق ساتھیوں اور دوستوں کے گھروں پر ہر ماہ شعری نشستیں منعقد ہوا کرتی تھیں۔ دس بارہ پُرخلوص احباب کا ایک گروپ تھا جن میں شیخ عبدالرحمٰن انصاری، اعجاز احمد اور خاکی حیدرآبادی شامل تھے۔ یہ نشستیں بھی شعر گوئی کی محرک ہوئیں۔ علی گڑھ کلب، سالار جنگ میوزیم اور ایلڈرس کونسل آف انڈیا کے زیر اہتمام منعقدہ محفلوں اور مشاعروں میں آپ نے اپنا کلام سُنایا ہے۔ آپ نے بتایا کہ اب تک آپ نے ایک سو غزلیں کہی ہیں۔ کبھی کبھی مزاحیہ نظمیں بھی ہو جاتی ہیں۔

آپ نے کہا کہ آپ کی پرورش و پرداخت مذہبی ماحول میں ہوئی۔ اچھی سوسائٹی ملی اور سب سے بڑی بات یہ ہے کہ خدا کی مدد ہمیشہ شاملِ حال رہی۔ ۱۹۷۳ء میں آپ نے فریضہ حج بھی ادا کیا۔

موجودہ دور کے تعلیم کے معیار پر اظہارِ خیال کرتے ہوئے آپ نے کہا کہ

آج کل ٹکنیکل تعلیم کا معیار پست ہے۔ طلباء کے لیے' یہ بے حد ضروری ہے کہ وہ ٹکنیکل لٹریچر کا زیادہ سے زیادہ مطالعہ کریں۔ میں نے انٹرویو کے لیے جناب ولی قادری کا شکریہ ادا کیا۔

میری خواہش پر انٹرویو کے آخر میں آپ نے نئی نسل کے لیے ایک مختصر لیکن رہنما پیام عنایت کیا، آپ نے کہا کہ

"نام کی خاطر نہیں، بلکہ کام کی خاطر کام کیجئے"۔

▲▲

پروفیسر تقی علی مرزا سے ایک ملاقات

"میری رائے میں پوسٹ گریجویٹ سطح جس میں انگریزی ادب کے طالب علموں کے لیے کلاسیکی ادب کا مطالعہ لازمی قرار نہ دیا جائے تو مناسب ہوگا۔ علم کے خزانوں تک پہونچنے کا ایک ذریعہ سمجھ کر انگریزی سیکھنا ہو یعنی اس زبان کو LIBRARY LANGUAGE کی حیثیت سے سیکھنے والوں کے نصاب میں کلاسیکی ادب کا مطالعہ شامل نہیں کرنا چاہیئے۔ البتہ ادب کے گہرے اور وسیع مطالعہ کے خواہشمند طلباء کے لیے انگریزی کے قدیم کلاسیکی ادب کا مطالعہ لازمی قرار دیا جانا چاہیئے۔ اس طرح سب سے پہلے انگریزی سیکھنے کے مقصد کا تعین ہونا ضروری ہے۔" ان خیالات کا اظہار جناب پروفیسر تقی علی مرزا نے روزنامہ "منصف" کے لیے ایک انٹرویو کے دوران کیا۔ انھوں نے میرے ایک سوال کے جواب میں کہا کہ عصری تقاضوں کے مطابق ایم۔ اے کے انگریزی نصاب پر حال ہی میں نظر ثانی کی گئی ہے۔ انگریزی قابلیت اور صلاحیت میں اضافہ ایک غیر ملکی زبان کی حیثیت سے، انگریزی کی تعلیم کے لیے، اس زبان کی ساخت اور اس کی تاریخ سے متعلق، ایم۔ اے سالِ اول کے امتحان کے لیے ایک پرچہ مختص کیا گیا ہے۔ نصاب میں اس تبدیلی سے انگریزی میں طلباء کی قابلیت میں اضافہ ہوگا۔ ایسے نوجوانوں کی مدد

اور سہولت کی خاطر جو پوسٹ گریجویٹ کورس کی تکمیل کے بعد کالجوں میں لکچرار کی حیثیت سے کام کرنا چاہتے ہوں۔ ایم۔اے کے نصاب کو کسی قدر پیشہ ورانہ (PROFESSIONAL) کیا گیا ہے تاکہ یہ نوجوان انگریزی کے کامیاب لکچرار ثابت ہوسکیں اور انھیں اپنی تدریسی صلاحیت اور استعداد پر کامل اعتماد بھی ہو۔ کالجوں میں باصلاحیت، کارکرد، اور اچھے ٹیچروں کے تقرر سے نہ صرف ڈسپلن قائم ہوگا بلکہ اساتذہ کے وقار اور احترام میں بھی اضافہ ہوگا۔ میرے ایک سوال کا جواب دیتے ہوئے آپ نے کہا کہ آج کل ایم۔ اے کے طلباء کا معیار اچھا ہے۔ طالب علم، انگریزی بولنے پر قدرت رکھتے ہیں۔ جناب پروفیسر تقی علی مرزا سے میں نے دریافت کیا کہ بی۔اے میں انگریزی کے معیار کے اونچا کرنے کے لیے کیا تدابیر اختیار کی گئی ہیں۔ آپ نے کہا کہ بی۔ اے میں انگریزی کے معیار کے گرنے کے کئی اسباب ہیں۔ ایک سبب یہ ہے کہ ڈگری کالجس متعدد مقامات پر برق رفتاری کے ساتھ قائم کر دیئے گئے لیکن ان کالجوں کے لیے ضرورت کے مطابق موزوں اسٹاف کے انتظام کی طرف توجہ نہیں کی گئی۔ کالجوں میں اچھی اور معیاری لائبریریاں بھی موجود نہیں ہیں جن سے طلباء استفادہ کرسکیں۔ ان لائبریریوں میں معیاری کتابوں کی تعداد بھی ناکافی ہے جس کی وجہ سے طلباء کے ذوق کی تربیت اور تسکین نہیں ہوتی۔ اس کے علاوہ کالجوں میں داخلہ کے خواہشمند طلباء، اپنے اپنے اسکولوں سے بھی چند کمزوریاں، اپنے ساتھ لاتے ہیں۔ چند سال پہلے تک بی۔ اے کے نصاب میں صرف نظم ونثر کے انتخابات رکھے جاتے تھے۔ اب بی۔ اے کے سال اوّل کے نصاب میں تبدیلی عمل میں لائی گئی ہے۔ نئی نصابی کتاب میں زبان سیکھنے پر زیادہ زور دیا گیا ہے۔ چنانچہ یہ تجربہ کامیاب ثابت ہوا ہے۔ میں نے ایم۔اے سالِ اوّل میں طلباء کی تعداد اور طلبا اور طالبات کی ذہنی استعداد کے بارے

یں سوال کیا۔ پروفیسر تقی علی مرزا نے کہا کہ انگریزی ایم۔ اے سال اول میں تیس ۳۰ طلباء کو داخلہ دیا جاتا ہے جن میں عموماً (۲۰) لڑکیاں ہوتی ہیں۔ ذہنی استعداد، طلباء اور طالبات دونوں میں ہوتی ہے۔ البتہ لڑکیوں کا معیار نسبتاً کسی قدر اونچا ہوتا ہے۔ اس کا ایک سبب یہ ہے کہ لڑکیاں، معیاری سنودتی میں تعلیم پاتی ہیں۔ اس کے علاوہ بے حد ذہین طلباء، عموماً طب انجینئرنگ یا ایم۔کام میں داخلہ کو ترجیح دیتے ہیں۔ جہاں تک ایم۔ اے کی جماعتوں کا تعلق ہے میں نے محسوس کیا کہ مطالعہ کا شوق، طلباء اور طالبات دونوں میں یکساں طور پر موجود ہے۔ دونوں یونی ورسٹی کی لائبریری اور ریڈنگ روم سے استفادہ کرتے ہیں۔

میرے ایک سوال کا جواب دیتے ہوئے آپ نے کہا کہ امریکن لٹریچر اور انگلستان کے انگریزی ادب میں بنیادی طور پر کوئی فرق نہیں ہے البتہ جہاں تک لہجہ کا تعلق ہے، خود انگلستان کے مختلف علاقوں میں انگریزی بولنے والوں کے لہجہ میں فرق موجود ہے۔

میں نے سوال کیا کہ کیا سالانہ امتحانات کے ذریعہ یہ معلوم کیا جاسکتا ہے کہ طلبا نے انگریزی زبان پر عبور حاصل کر لیا ہے؟ پروفیسر تقی علی مرزا نے اس کا جواب نفی میں دیا اور کہا کہ امتحانات کا موجودہ اور رائج طریقہ ناقص ہے۔ اس کے علاوہ طلباء کی تیزی سے بڑھتی ہوئی تعداد بھی ایک پیچیدہ مسئلہ بن گئی ہے۔ کئی مقامات پر ثانوی اور اعلیٰ تعلیم کی عصری سہولتیں جدید آلات تعلیمی، مدارس اور کالجوں کے لیے موزوں عمارتیں میسر نہیں ہیں۔ میں نے پوچھا کہ ہندوستان کی لسانی تقسیم کے بعد ہمارے ملک میں انگریزی کے موقف، مقام اور مرتبہ پر کیا اثرات مرتب ہوئے؟ آپ نے کہا کہ لسانی تقسیم سے انگریزی کو اور تقویت حاصل ہوئی چنانچہ انگریزی بھی LINK- LANGUAGE ہوگئی خصوصاً جنوبی ہند میں اس کی ضرورت اور اہمیت بہت

بڑھ گئی۔ اس کے علاوہ انگریزی بین الاقوامی زبان ہے اس کی قدر و قیمت سے ہر سمجھ دار پڑھا لکھا اور سنجیدہ شخص بخوبی واقف ہے انگریزی کی بڑھتی ہوئی مانگ اور عصری تقاضوں کے پیش نظر شعبہ انگریزی، آرٹس کالج عثمانیہ یونیورسٹی نے اپنے LANGUAGE CELL کے تحت مختلف کورس شروع کئے ہیں مثلاً دفاتر اور ادارہ جات میں کام کرنے والوں کی انگریزی میں مہارت میں اضافہ کے لیے سال میں دو مرتبہ سہ ماہی کورس کا انتظام کیا گیا ہے۔ بہت سے نوجوان انگریزی میں اس لئے کمزور ہوتے ہیں کہ مختلف پروفیشنل کورس میں ان کا ذریعہ تعلیم انگریزی نہیں بلکہ علاقائی یا مادری زبان رہی۔ شعبۂ انگریزی آرٹس کالج نے لینگویج سل (CELL) کے تحت ایسے پوسٹ گریجویٹ نوجوانوں کے لیے سال میں دو مرتبہ کورس کی تعلیم کا انتظام کیا ہے۔ بیرون ہند مثلاً ایران، اردن اور بعض دیگر ممالک سے آنے والوں کی انگریزی میں قابلیت میں اضافہ کے لیے سال میں ایک مرتبہ چار مہینے کا کورس رکھا گیا ہے پروفیسر تقی علی مرزا نے شعبۂ انگریزی آرٹس کالج عثمانیہ یونیورسٹی کی انگریزی خدمات پر روشنی ڈالتے ہوئے کہا کہ ICRISAT کے ارباب حل و عقد کی خواہش پر شعبہ انگریزی نے افریقی ممالک بالخصوص مغربی افریقہ وغیرہ سے آنے والے اگریکلچرل سائنٹسٹوں کے لیے ہر سال مارچ تا مئی انگریزی میں تربیت کا انتظام کیا ہے۔ یہ سائنٹسٹ، یونی ورسٹی گریجویٹس ہوتے ہیں اور اپنی مادری زبان کے علاوہ فرانسیسی زبان جانتے ہیں لیکن وہ انگریزی سے نابلد ہوتے ہیں۔ ICRISAT کی طرف سے بھیجے جانے والے ان گریجویٹ اگریکلچرسٹ کے لیے یہ پراجکٹ پچھلے چھ سال سے نہایت باقاعدگی اور کامیابی کے ساتھ چل رہا ہے۔ دو ماہ کی اس ٹریننگ کا انتظام آرٹس کالج میں کیا گیا ہے۔ روزانہ ۹ بجے صبح سے ۴ بجے شام تک ٹریننگ دی جاتی ہے۔ ان گریجویٹس کے لیے جو اسپیشل کورس رکھا گیا ہے، اس سے

ان امیدواروں میں انگریزی میں روانی کے ساتھ گفتگو کرنے اور صحیح انگریزی لکھنے کی صلاحیت پیدا ہوتی ہے۔ دو ماہ کی اس تربیت کی تکمیل پر ان امیدواروں کا ٹسٹ (TEST) لیا جاتا ہے۔ اور اس ٹسٹ کے بعد ایک جلسہ منعقد کر کے انھیں سرٹیفکیٹ دیئے جاتے ہیں۔ ہر سال عثمانیہ یونیورسٹی کے وائس چانسلر اس جلسے میں تشریف لاتے اور ان امیدواروں کو سرٹیفکیٹ عطا کرتے ہیں۔ لینگویج (CELL) کے تحت کالج ٹیچرس کے لیے گرمائی انسٹی ٹیوٹ منعقد کئے جاتے رہے ہیں۔ انگریزی پڑھانے والے اساتذہ کو انسٹی ٹیوٹ میں انگریزی کی تدریس کے جدید اور ترقی یافتہ طریقوں سے واقف کروایا جاتا تھا۔ آندھرا پردیش کے مختلف اضلاع کے کالج ٹیچرس، اس انسٹی ٹیوٹ کی ٹریننگ سے استفادہ کرتے رہے ہیں۔ انسٹی ٹیوٹ میں لکچر دینے کے لیے برٹش قنصل اور سنٹرل انسٹی ٹیوٹ آف انگلش کی طرف سے ماہرین تعلیم بھیجے جاتے تھے۔ جناب پروفیسر تقی علی مرزا اس گرمائی انسٹی ٹیوٹ کے دو سال تک سکریٹری رہے ہیں۔ پروفیسر صاحب نے بتایا کہ ۱۹۶۰ء میں عثمانیہ یونیورسٹی انگلش فورم کا قیام عمل میں آیا تھا۔ ہر ماہ اس فورم کے جلسے منعقد ہوتے ہیں جن میں کسی کتاب پر تبادلۂ خیال کیا جاتا ہے۔ اور بحث و مباحثہ ہوتا ہے۔ بعض شاعر اپنا کلام سناتے ہیں۔ اس انگلش فورم کے اجلاسوں میں شرکت کے لیے ممتاز شخصیتوں کو مدعو کیا جاتا ہے۔ فورم کی خصوصیت یہ ہے کہ ۱۹۶۰ء سے اب تک ہر ماہ نہایت پابندی کے ساتھ اس کی نشستیں منعقد ہوتی رہی ہیں۔

پروفیسر تقی علی مرزا نے کہا کہ سارے ہندوستان میں عثمانیہ یونیورسٹی کو یہ امتیاز حاصل ہے کہ ۱۹۵۶ء میں بالکل پہلی مرتبہ، یہاں امریکن لٹریچر کو ایم۔ اے کے نصاب میں شامل کیا گیا۔ ایم۔ اے انگریزی اختیاری مضمون کے لیے نصاب میں

دولت مشترکہ (آسٹریلیا، نیوزی لینڈ، کینڈا، ویسٹ انڈیز وغیرہ) کے انگلش لٹریچر (شاعری، ناول وغیرہ) کو شریک کیا گیا ہے۔ اختیاری مضمون کے امیدواروں کے لیے اس کا ایک پرچہ لازمی ہوتا ہے۔ اسی طرح ان امیدواروں کے نصاب جدید یوروپین لٹریچر (فرانس، جرمنی، اٹلی، ناروے اور روس کے مشہور اور اہم ادیبوں کی تصانیف) بھی شامل کیا گیا ہے۔ یونانی، لاطینی لٹریچر (ورجل، ہوریس اور ارسطو کی تصانیف) کے تراجم، کلاسکس اور ترجمہ کے تحت شریکِ نصاب کئے گئے ہیں۔

میں نے شعبۂ انگریزی، آرٹس کالج عثمانیہ یونی ورسٹی میں ریسرچ کی رفتار پر روشنی ڈالنے کی درخواست کی۔ جناب پروفیسر تقی علی مرزا نے کہا کہ اب تک ہمارے شعبۂ انگریزی سے (۸۸) ریسرچ اسکالرس نے ایم۔ فل اور (۳۰) ریسرچ اسکالرس نے ڈاکٹریٹ (پی۔ ایچ۔ ڈی) کیا ہے۔

میرے یہ دریافت کرنے پر کہ آیا انگریزی ادب پر ریسرچ کے سلسلے میں آندھرا پردیش کے علاوہ ہندوستان کی دیگر یونی ورسٹیوں سے کوئی ربط قائم ہے؟ تاکہ یہ معلوم ہوسکے کہ کہاں اور کس یونی ورسٹی میں کن موضوعات پر ریسرچ ہوا یا ہورہا ہے؟ پروفیسر صاحب نے کہا کہ افسوس ہے کہ اب تک ایسا کوئی انتظام نہیں ہوسکا۔ ہندوستان کی یونی ورسٹیاں، ایک دوسرے کے ریسرچ کے کام سے باخبر نہیں ہیں۔ سلسلۂ کلام جاری رکھتے ہوئے پروفیسر تقی علی مرزا نے کہا کہ امریکن اسٹڈیز ریسرچ سنٹر کی طرف سے ریسرچ، ریسرچ اِن پروگریس 'RESEARCH IN PROGRESS' کے نام سے ایک رسالہ شایع ہوتا ہے جس سے ہندوستان میں "امریکی ادب پر ریسرچ" کی رفتار کا علم ہوتا رہتا ہے۔ چونکہ اس امریکن اسٹڈیز ریسرچ سنٹر میں ہر

شعبۂ علم کی بے شمار کتابیں متعدد معیاری رسائل اور مائیکروفلم بآسانی دستیاب ہوتے ہیں۔ اس لیے ریسرچ اسکالرس، امریکن لٹریچر پر ریسرچ کو ترجیح دیتے ہیں اور اس طرح، امریکی ادب پر تحقیقاتی کام بہت ہو رہا ہے۔

میرے اس سوال پر کہ آج کل ہندوستان میں انگریزی صحافت کی صورتحال اور اس کے معیار کے بارے میں آپ کا کیا خیال ہے؟ انھوں نے کہا کہ ہندوستان میں انگریزی اخباروں اور رسالوں کو بلا تامل بیرونِ ہند کے انگریزی اخباروں اور رسالوں کے برابر رکھا جاسکتا ہے۔ اخباروں کا مواد، اداریئے اور مضامین کافی دلچسپ، معیاری اور فکر انگیز ہوتے ہیں۔ خبروں کی ترتیب بھی عمدہ ہوتی ہے۔ یہ جمہوریت کی دین ہے کہ ہندوستان میں صحافت بڑی حد تک آزاد بھی ہے۔

پروفیسر تقی علی مرزا نے کہا کہ عثمانیہ یونی ورسٹی کو یہ امتیاز بھی حاصل ہے کہ ہندوستان میں سب سے پہلے یہیں جرنلزم کی تعلیم شروع کی گئی۔ جرنلزم میں ڈپلوما کی تعلیم کا انتظام ۱۹۵۶ء میں کیا گیا۔ میرے ایک سوال کا جواب دیتے ہوئے آپ نے کہا کہ ہندوستان کی یونیورسٹیوں میں تعلیم اور تدریس کا معیار یکساں نہیں ہے بلکہ ایک ہی ریاست کی مختلف یونی ورسٹیوں کے معیار میں بھی فرق ہے۔ آپ نے کہا کہ یہ ایک پیچیدہ مسئلہ ہے لیکن یونی ورسٹی گرانٹس کمیشن نے اب اس طرف توجہ دی ہے اور اس کی زیرِ نگرانی کل ہند پیمانے پر مسابقتی امتحانات منعقد کرنے کی ایک اسکیم تکمیل کے آخری مرحلوں میں ہے۔ حیدرآباد میں سنٹرل انسٹی ٹیوٹ آف انگلش کے تحت اس اسکیم کو عملی جامہ پہنانے کے سلسلے میں ورک شاپ شروع کیا گیا ہے۔ یہاں امتحانات کے نمونے کے پرچے تیار کیے جارہے ہیں۔ آئندہ ایم فل، پی ایچ ڈی، ریسرچ فیلوشپ۔ اور یونی ورسٹیوں میں لکچرار کی حیثیت سے ملازمت کے خواہشمندوں کے لیے

کل ہند مسابقتی امتحانات کا انعقاد عمل میں آئے گا۔

اِس انٹرویو کے دوران، میں نے پروفیسر تقی علی مرزا سے ہندوستان میں اُردو زبان وادب کی ترویج اور رفتارِ ترقی کے بارے میں بھی چند سوالات کیے۔ آپ نے کہا کہ آج بھی اردو ادب کی مکمل مستند اور جامع تاریخ کی کمی بڑی طرح محسوس کی جارہی ہے۔ اردو میں REFERENCE LITRATURE کی بھی کمی ہے۔ ہندوستان میں معیاری سفر ناموں اور بچوں کے لیے پاکیزہ اور صحت مند ادب کی تخلیق کی طرف بھی توجہ کی ضرورت ہے۔ پچھلے چند سال میں پاکستان میں چند اچھے معیاری دلچسپ سفر نامے لکھے گئے ہیں۔ ہمارے ہاں اُردو میں، عصری تقاضوں کی تکمیل کرنے والی کوئی مکمل ڈکشنری اور انسائیکلوپیڈیا نہیں ہے۔ ترقی اردو بورڈ (نئی دہلی) نے ابوالکلام آزاد اورینٹل ریسرچ انسٹی ٹیوٹ (حیدرآباد) کو اردو انسائیکلوپیڈیا کی ترتیب و تیاری کا کام سپرد کیا تھا۔ آپ نے کہا کہ اس انسائیکلوپیڈیا کے لیے میں نے بھی چند مضامین لکھے تھے لیکن شاید انسائیکلوپیڈیا کی یہ جلدیں ابھی طباعت کے مرحلے طے نہیں کرسکی ہیں؟

میں نے اردو میں اعلیٰ معیار کے انگریزی ادب کے ترجمہ کے بارے میں پروفیسر صاحب کی رائے دریافت کی۔ انھوں نے کہا کہ شاعری کا ترجمہ بہت مشکل کام ہے۔ شاعری تو اپنی زبان ہی میں اچھی اور پُراثر ہوتی ہے۔ ترجمہ میں شعر کی روح کو منتقل نہیں کیا جاسکتا۔ رابرٹ فراسٹ نے کہا تھا کہ

THE POETRY IS THAT, WHICH GETS LOST IN TRANSLATION

ولیم اسٹیفرڈ W. STAFFORD انگریزی زبان کا ایک مشہور امریکی شاعر ہے جس نے مرزا غالب کی غزلوں کا ترجمہ کیا لیکن اس کا یہ ترجمہ اچھا اور کامیاب ترجمہ نہیں ہے۔

فارسی کے مشہور شاعر عمر خیام کی رباعیوں کے سات یا آٹھ ترجمے شایع ہوے ہیں۔ ترجمے کے فن کے لحاظ سے فٹز جیرالڈ کے ترجمہ نے بہت شہرت پائی۔ انگریزی میں اردو غزل جیسی صنف نہیں ہے۔ اُردو غزل 'اردو ہی کی "چیز" ہے۔ اس کا انگریزی میں ترجمہ نہیں ہوسکتا۔ آپ نے مزید کہا کہ مولانا عنایت اللہ نے شیکسپیئر کے ڈراموں کا ترجمہ کیا تھا۔ عصمت اللہ خاں نے ولیم ورڈسورتھ اور انگریزی کے دوسرے رومانی شعراء کی نظموں کا ترجمہ کیا۔ عظمت اللہ خاں کا ترجمہ کسی حد تک بہتر ہے لیکن یہ آزاد ترجمہ ہے۔ تھامس گرے (GREY) کی ELEGY کا کامیاب ترجمہ، علی حیدر نظم طباطبائی نے 'گور غریباں' کے عنوان سے کیا۔ یہ ایک مثالی ترجمہ ہے۔ تقریباً چالیس برس پہلے ماہنامہ "نگار" (لکھنؤ) اور ماہنامہ "ساقی" (دہلی) میں بھی اچھے اور معیاری ترجمے شایع ہوا کرتے تھے۔

واقعی اب ترجمہ کی طرف توجہ کی شدید ضرورت ہے۔ ترجمہ کی اہمیت اور افادیت سے انکار نہیں کیا جاسکتا۔ ترجمہ کی اِس اہمیت اور افادیت کو پیشِ نظر رکھتے ہوے، شعبۂ انگریزی آرٹس کالج کے تحت ترجمہ کا ایک سالہ ڈپلوما کورس آئندہ تعلیمی سال سے شروع کیا جارہا ہے۔ اس کے لیے تین ہندوستانی زبانیں یعنی تلگو، ہندی اور اردو منتخب کی گئی ہیں۔ یہ کورس ایم۔ اے کامیاب نوجوانوں کے لیے ہوگا۔ ترجمے کے اس ڈپلوما کورس کے نصاب میں سوالات کے دو پرچے ہوں گے۔

PRACTICAL TRANSLATION (2) THEORY OF TRANSLATION (1)

ان دو پرچوں کے علاوہ ایک ASSIGNMENT بھی رہے گا۔ ڈپلوما کے امیدوار کو تقریباً (۸۰) صفحات پر مشتمل کسی معیاری کتاب کا ترجمہ بھی پیش کرنا ہوگا۔

آزادی کے بعد، انگریزی میں لکھنے والے ہندوستانی ادیبوں کے بارے میں میرے ایک سوال پر پروفیسر تقی علی مرزا نے کہا کہ آزادی کے بعد ہندوستان کے انگریزی

ادیب زیادہ لکھ رہے ہیں۔

آر۔ کے۔ نارائن، ڈاکٹر ملک راج آنند اور راجا راؤ کا شمار انگریزی کے مشہور ناول نگاروں میں کیا جاتا ہے۔ انھیں BIG THREE کے نام سے بھی یاد کیا جاتا ہے۔ انیتا دیسائی اور مشہور اور ممتاز صحافی، ناول نگار، السٹریٹیڈ ویکلی کے سابق ایڈیٹر خوشونت سنگھ، انگریزی کے ادبی اور علمی رسالوں کے لیے مضامین لکھتے ہیں۔ خوشونت سنگھ اقبال کے شیدائی ہیں۔ انھوں نے اقبال کے "شکوہ" اور "جواب شکوہ" کا انگریزی میں منظوم ترجمہ کیا ہے۔

TORO DUTH، راما نجم، ایس۔ کے۔ کمار، پارتھا سارتھی، نسیم ازی کیل سے مغربی دنیا بخوبی متعارف ہے۔ مغربی تنقید نگار، انگریزی میں ان کی تخلیقات کو قدر کی نگاہوں سے دیکھتے ہیں اور ان کی تخلیقی صلاحیتوں کے معترف ہیں۔ اس کے علاوہ ان کے شعری مجموعے امریکہ اور انگلستان میں شایع ہوئے ہیں۔ ان سے پہلے مسز سروجنی نائیڈو نے مغرب سے اپنی شاعری کا لوہا منوایا تھا۔

میں نے پروفیسر تقی علی مرزا سے پوچھا کہ اردو میں آپ کے پسندیدہ شاعر کون سے ہیں؟ انھوں نے کہا کہ غالب، اقبال، فیض احمد فیض اور پروفیسر فراق گورکھپوری میرے پسندیدہ شاعر ہیں۔ فیض کے انتقال کی خبر سن کر مجھے یوں محسوس ہوا کہ جیسے زندگی چھین لی گئی۔

اردو کے پسندیدہ نقادوں میں پروفیسر صاحب نے احتشام حسین، حسن عسکری اور ڈاکٹر عبادت بریلوی کے نام اور ناولوں نگاروں میں انھوں نے قرۃ العین حیدر عصمت چغتائی اور پروفیسر عزیز احمد کے نام بے ساختہ لیے۔ آپ نے کہا کہ میرے پسندیدہ ادیبوں میں سعادت حسن منٹو بھی شامل ہیں۔

میرے ایک سوال کے جواب میں پروفیسر صاحب نے کہا کہ اردو ادب میں

نئے رجحانات اور تحریکیں، مغرب کی دین ہیں۔ آپ نے کہا کہ انگریزی اصولِ تنقید سے ہماری شاعری کے کلاسیکی سرمایہ کو جانچا نہیں جاسکتا۔ مختصر افسانہ ناولٹ اور ناول چونکہ مغرب سے ہی آئے ہیں۔ اس لیے انھیں مغربی پیمانوں سے پرکھا جاسکتا ہے۔

اردو میں اپنی نگارشات کے بارے میں آپ نے کہا کہ چونکہ اقبالؔ اور غالبؔ میرے پسندیدہ شاعر ہیں اس لیے ان کے کلام اور ان کے بارے میں شائع شدہ مضامین اور کتابوں کا، میں نے کافی مطالعہ کیا ہے۔ ویسے طالب علمی کے زمانے سے ہی میرا محبوب مشغلہ مطالعہ ہے۔ مجھے شاعری اور ناول کے مطالعہ سے گہری دلچسپی ہے۔ غالبؔ اور اقبالؔ پر میں نے انگریزی اور اردو میں تنقیدی مضامین لکھے ہیں۔ آل انڈیا ریڈیو سے متعدد مرتبہ انگریزی اور اردو میں میری تقریریں نشر ہوئی ہیں۔ میں نے شاذ تمکنت اور وحید اختر کی نظموں کے ترجمے کئے ہیں۔

انگریزی کے مشہور اور ممتاز ڈرامہ نگار WYCHERLEY کے ڈرامہ "THE COUNTRY WIFE" کو میں نے ایڈٹ کیا ہے جسے میکملن کمپنی شائع کررہی ہے۔

میں نے خاندانی حالات، بچپن، ابتدائی تعلیم، اعلیٰ تعلیم، مختلف کالجوں میں ملازمت وغیرہ کے بارے میں بھی پروفیسر تقی علی مرزا سے چند سوالات کئے۔ ان کے جوابات کا خلاصہ، انھیں کے الفاظ میں مختصراً درج کرتا ہوں۔

"میں ۲۔ دسمبر ۱۹۲۸ء کو حیدرآباد میں پیدا ہوا۔ میرے دادا مرزا نواب بہادر، اپنے دو چھوٹے بھائیوں کے ساتھ لکھنؤ سے حیدرآباد آئے۔ وہ سپہ گری کے استاد تھے۔ میرے دادا کے سب سے چھوٹے بھائی مرزا محمد بہادر

حیدرآباد میں ناظم عدالت کے عہدہ پر فائز رہے۔ میرے والد جناب مرزا جنگ بہادر، مہتمم آبکاری کے عہدہ پر مامور رہے۔ انھیں شکار کا بے حد شوق تھا۔ وہ شیر کا شکار بھی کرتے تھے۔ بہت نڈر، جری اور باہمت تھے۔ میرے نانا جناب مرزا غلام حسین علی مدراس سے حیدرآباد تشریف لائے۔ ملازمت کے دوران نظام آباد میں میرے دادا اور نانا دونوں کے درمیان دوستی کا رشتہ استوار ہوا جو آگے چل کر رشتہ داری میں تبدیل ہوا۔ جناب مرزا غلام حسین حیدرآباد کی سروس میں گریجویٹ تھے۔ وہ مدراس یونی ورسٹی کے گریجویٹ تھے۔ اُن کے نام کے ساتھ بی۔ اے کی ڈگری بھی مشہور ہوئی کیونکہ اس زمانے میں گریجویٹ ہونا، ایک غیر معمولی بات تھی۔ مہتمم پولیس کی حیثیت سے انھوں نے سابق ریاست حیدرآباد کی خدمات انجام دیں۔ میرے والد مرزا جنگ بہادر کا انتقال ۹۲ سال کی عمر میں ۱۹۸۲ء میں حیدرآباد میں ہوا۔ انھیں اضلاع کی زندگی بہت پسند تھی انگریزی کے شاعر ورڈسورتھ کی طرح وہ فطرت پرست اور قدرتی مناظر کے دلدادہ اور شیدائی تھے۔ وظیفہ حسنِ خدمت پر سبکدوشی کے بعد حیدرآباد کے محلہ سلطان پورہ میں قیام پذیر ہوئے۔ بڑے نیک اور ایماندار عہدہ دار تھے۔

میرے نانا، جناب مرزا غلام حسین علی کی ذاتی لائبریری تھی جس میں انگریزی اور اردو کی معیاری کتابیں موجود تھیں۔ بڑے ماموں جناب مرزا باقر نواز مسلم یونی ورسٹی علی گڑھ کے گریجویٹ تھے۔ وہ اقبالؔ کے شیدائی اور مداح تھے۔ میں ان کے گھر میں مقیم رہا۔ مجھے مطالعہ کا چسکہ نہیں لگا۔ بچپن میں اقبالؔ کی نظمیں پڑھتا تھا۔ سن شعور کو پہونچا تو غالبؔ نے اپنی طرف متوجہ کیا۔ جناب علی نواز جدی، میرے حقیقی خالو ہوتے تھے۔ وہ انگریزی کے مشہور ٹیچر تھے۔ ان کی شخصیت نے بھی مجھے متاثر کیا۔ مختصر سے عرصے میں مطالعہ کا شوق، اس قدر تیز ہوا کہ

میں نے میٹرک کی طالب علمی کے زمانے میں ہی الف لیلہ، طلسم ہوش رُبا اور داستان امیر حمزہ کی ضخیم جلدیں ختم کیں۔

میری ابتدائی تعلیم ریاست حیدرآباد کے ضلع پربھنی اور آصف آباد میں ہوئی۔ اس زمانے میں اضلاع کے مدارس میں بھی تعلیم کا معیار اونچا تھا۔ مدارس میں ڈسپلن تھا۔ میں حیدرآباد میں دارالعلوم میں دو سال اور گورنمنٹ ہائی اسکول نامپلی میں تین سال زیر تعلیم رہا۔ میں نے ۱۹۴۳ء میں گورنمنٹ ہائی اسکول نامپلی سے میٹرک کا امتحان کامیاب کیا۔ اس کے بعد گورنمنٹ سٹی کالج سے ۱۹۴۵ء میں انٹرمیڈیٹ اور ۱۹۴۷ء میں عثمانیہ یونی ورسٹی سے بی۔ اے کامیاب کیا۔ نامپلی ہائی اسکول میں صدق جائسی صاحب ہمیں اردو پڑھاتے تھے۔ اُن کا حافظہ بَلا کا تھا، انھیں ہزاروں شعر یاد تھے اور پڑھانے کے دوران وہ روانی کے ساتھ سنایا کرتے تھے۔ میری طالب علمی کے زمانے میں یہاں کے صدر مدرس مرزا محمود علی بیگ صاحب اور مجتبیٰ حسین نقوی صاحب تھے۔ گورنمنٹ سٹی کالج میں میری تعلیم کے دوران جناب احمد حسین خاں پرنسپل رہے۔ میں نے ہائی اسکول کے علاوہ کالج اور یونی ورسٹی میں بی۔ اے اور ایم۔ اے کی طالب علمی کے دوران تقریری اور تحریری مقابلوں کے علاوہ جنرل نالج کے مقابلوں میں بھی انعامات حاصل کئے

ان انعامات کا تذکرہ کرتے ہوئے مجھے اپنی والدہ مرحومہ کی یاد آرہی ہے انھیں اردو کی کتابوں کے مطالعہ کا بے حد شوق تھا۔ ہمارے گھر میں ماہنامہ "ساقی" "عصمت" "بنات" "تہذیب نسواں" اور "شہاب" (ایڈیٹر عبدالرزاق بسمل) جیسے مشہور رسالے آیا کرتے تھے۔ میں ان کا مطالعہ کرتا تھا۔ والدہ صاحبہ سے بھی میں نے بہت کچھ سیکھا۔ مطالعہ کا شوق مجھے ورثہ میں حاصل ہوا۔ کرشن چندر، عصمت چغتائی اور راجندر سنگھ بیدی کی تخلیقات اور تصانیف

میرے زیرِ مطالعہ رہی ہیں۔

بی۔ اے کی طالب علمی کے زمانے میں مجلّہ عثمانیہ کے حصّہ انگریزی میں میرے مضامین شائع ہوتے تھے۔ میں ادبی مضامین لکھا کرتا تھا۔ چارلس لیمب میرا پسندیدہ مضمون نگار تھا۔ ناول نگاروں میں مجھے ڈکنس پسند تھا اور شاعروں میں ورڈسورتھ، شیکسپیئر کے پورے ڈرامے۔ طالب علمی کے دور میں پڑھ چکا ہوں۔ میں نے جامعہ عثمانیہ سے مضمون انگریزی سے ایم۔ اے ۱۹۴۹ء میں کیا۔ بی۔ اے تک میرا ذریعہ تعلیم اُردو رہا۔ لیکن ہماری طالب علمی کے زمانے میں ہائی اسکولوں، انٹر اور ڈگری کالجوں میں انگریزی کا معیار بہت اونچا تھا۔ تاریخ میرا پسندیدہ مضمون رہا۔ جناب خواجہ مُنیر الدین تاریخ کے لکچرار تھے۔ وہ اپنے مضمون پر حاوی تھے۔ نہایت دلچسپی سے پڑھاتے تھے اور تاریخ کے بہترین لکچرار سمجھے جاتے تھے۔ میں اپنی 'بی۔ اے کی طالب علمی کے زمانے میں' انگلش لٹریری اسوسی ایشن کا صدر رہا۔ ایم۔ اے (سالِ آخر) میں تھا حیدرآباد پبلک سروس کمیشن کے امتحان میں بدرجہ اوّل کامیاب ہوا۔ تین سال سکریٹریٹ میں کام کرتا رہا انٹرمیڈیٹ کالج ورنگل پر ۱۹۵۲ء میں لکچرار کی حیثیت سے میرا پہلا تقرّر عمل میں آیا۔ اس کالج میں تین سال تک کام کرتا رہا۔ پھر مجھے حیدرآباد ایوننگ کالج' سائنس کالج سیف آباد، نظام کالج، انجینئرنگ کالج، یونی ورسٹی سائنس کالج پر مامور کیا گیا۔ میں نے ۱۹۶۴ء میں فرنچ میں سینیئر ڈپلوما کے کورس میں کامیابی حاصل کی چونکہ فرنچ میں سینیئر ڈپلوما رکھتا تھا اس لیے اب کالجوں میں انگریزی کے ساتھ فرنچ بھی پڑھانے لگا۔ فرنچ میں مزید مہارت کے لیے میں نے پانڈیچری میں دو مہینے گزارے۔ شری آربندو گھوش کے آشرم میں میرا قیام رہا۔ اس آشرم میں آصف سابع مرحوم کی عطا کی ہوئی کتابیں بہت بڑی تعداد میں ہیں۔

انگریزی میں میرے تحقیقی مضامین چھپ چکے ہیں ۱۔عثمانیہ جرنل آف انگلش اسٹڈیز ۲۔انڈین جرنل آف انگلش اسٹڈیز ۳۔جرنل آف انڈین رائٹنگ ان انگلش اور ۴۔امریکن جرنل آف پاپولر کلچر میں چند تحقیقی مضامین شائع ہوئے ہیں۔

چوتھا جرنل، امریکہ کی اسٹیٹ اوہائیو کی ایک یونی ورسٹی کی طرف سے شائع ہوتا ہے۔ اس جرنل کے آئندہ شمارے میں جو "انڈین پاپولر کلچر نمبر" ہوگا، میرا ایک مضمون "قوالی" کے موضوع پر شایع ہورہا ہے۔ بھوبنیشور (اڑیسہ)، آنند (گجرات) دہلی، مدراس اور میسور کی یونی ورسٹیوں میں منعقدہ سمینار اور سمپوزیم میں تحقیقی مضامین پڑھ چکا ہوں۔ پوئٹری سوسائٹی آف حیدرآباد کا رکن اور نائب صدر ہوں۔

۱۹۵۲ء میں انگریزی کے لکچرار کی حیثیت سے یونی ورسٹی کی ملازمت کا سلسلہ شروع ہوا تھا۔ ۱۹۶۷ء میں نظام کالج اور آرٹس کالج پر ریڈر کی حیثیت سے مامور رہا۔ ۱۹۸۳ء سے پروفیسر انگریزی آرٹس کالج عثمانیہ یونی ورسٹی ہوں۔

پروفیسر تقی علی مرزا سے انٹرویو کے اختتام کے طور پر میں نے آخری سوال یہ کیا کہ کیا آپ نے اپنی سوانح عمری لکھنے کا ارادہ کیا ہے؟ پروفیسر تقی علی مرزا نے مسکراتے ہوئے "ہاں" کہا۔ اور اُن کے اثبات میں جواب کے بعد، میں نے انٹرویو کے لیے خاصا قیمتی وقت دینے پر اُن کا شکریہ ادا کیا اور اُن سے رخصت کی اجازت چاہی۔

(روزنامہ "منصف" ۳۰۔ڈسمبر ۱۹۸۴ء)

پروفیسر و ڈاکٹر عبدالعظیم سے ملاقات

محترمہ پروفیسر و ڈاکٹر رفیعہ سلطانہ ڈین فیکلٹی آف آرٹس عثمانیہ یونیورسٹی کی عنایت سے ۱۵ مئی ۱۹۸۴ء کو مسلم یونیورسٹی علی گڑھ کے صدر شعبہ لسانیات پروفیسر و ڈاکٹر عبدالعظیم سے عثمانیہ یونیورسٹی گیسٹ ہاؤز میں ملاقات ہوئی۔ اس روز میں پونے ۱۰ بجے صبح یونیورسٹی گیسٹ ہاوز پہونچا۔ گیسٹ ہاوز کی سیڑھیاں چڑھ رہا تھا کہ لاؤنج میں کھڑے ہوئے پروفیسر و ڈاکٹر عبدالعظیم پر نگاہ پڑی۔ اگرچہ پہلی بار انھیں دیکھ رہا تھا لیکن دل میں خیال آیا کہ یہی وہ پروفیسر ہوں گے جن کے بارے میں آج علی الصباح ٹیلی فون پر محترمہ پروفیسر و ڈاکٹر رفیعہ سلطانہ نے مجھ سے بات چیت کی تھی۔ میں نے سلام کیا اور پروفیسر صاحب نے مسکراتے ہوئے میرے سلام کا جواب دیا اور گرم جوشی سے مصافحہ کیا۔ ہم لاؤنج میں بیٹھ گئے۔ تھوڑی ہی دیر میں کافی آگئی اور ہم کافی کی چسکیاں لیتے ہوئے مصروف گفتگو ہو گئے۔ پروفیسر صاحب نے کہا کہ وہ دوسری مرتبہ حیدرآباد تشریف لائے ہیں۔ ۱۳ مئی ۱۹۸۴ء کی شام وہ یہاں پہونچے تھے اور ۱۶ مئی کی صبح علی گڑھ کے لیے روانہ ہو گئے۔ اس مرتبہ حیدرآباد کے سفر کا مقصد اکسپرٹ کی حیثیت سے عثمانیہ یونیورسٹی کے شعبہ لسانیات کی ریڈرشپ کی سلکشن کمیٹی

میں شرکت کرنا تھا۔

انھوں نے کہا کہ اس سے پیشتر وہ ۱۹۵۸ء میں پہلی بار حیدرآباد تشریف لائے تھے لیکن اُس وقت اُن کا قیام بے حد مختصر یعنی صرف چوبیس گھنٹوں کے لیے تھا۔ مہاراجا کالج میسور یونی ورسٹی میں ہونے والے لسانیات کے سمر انسٹی ٹیوٹ کے

INTENSIVE COURSE IN INTRODUCTORY LINGUISTICS

میں شرکت کے لیے علی گڑھ سے براہِ مدراس وہ میسور تشریف لے گئے تھے وہاں سے براہِ حیدرآباد علی گڑھ واپس ہوگئے۔ حیدرآباد میں پروفیسر مسعود حسین خاں صاحب کی ہمشیرہ صاحبہ کے دولت خانہ پر اُن کا قیام رہا۔ چونکہ اس تاریخی شہر کی زیارت مقصود تھی اس لیے تنگیٔ وقت کے باوجود انھوں نے چارمینار، مکہ مسجد اور سالار جنگ میوزیم دیکھا۔ لیکن کسی سے ملاقات کا موقع نہیں مل سکا۔ انھوں نے کہا کہ اب دوسری بار آیا تو دلی خواہش تھی کہ یہاں کے علمی ماحول کو بہ چشم خود دیکھوں۔ عثمانیہ یونیورسٹی کے شعبۂ اُردو اور شعبۂ لسانیات کے اساتذہ کے علاوہ اُردو زبان و ادب کے پُرخلوص خدمت گزاروں سے ملوں جو یہاں اُردو کی ترویج و اشاعت اور بقا کے لیے لگن کے ساتھ کام کر رہے ہیں لیکن مجھے اس کا ملال ہے کہ اِس مرتبہ بھی ملاقاتیں نہ ہوسکیں۔ خیر۔ انشاء اللہ پھر کبھی سہی۔ پروفیسر صاحب کی خواہش پر، میں انھیں اپنے ساتھ تھوڑی دیر کے لیے چارمینار اور لاڑ بازار لے گیا۔ چارمینار کے قریب پہونچ کر وہ آٹو سے بے اختیار اُتر پڑے اور تھوڑی دیر تک چارمینار کو مسلسل دیکھتے رہے شاید ذہن میں دکن کی تاریخ کے اوراق الٹ رہے ہوں۔

لاڑ بازار کی دکانوں کی سیر کے بعد چاندی کی بنی ہوئی خوبصورت چیزیں دیکھنے کے لیے ہم گلزار حوض پہونچے۔ دونوں جگہ پروفیسر صاحب نے شاپنگ کی اور پھر ہم یونیورسٹی گیسٹ ہاؤز کے لیے روانہ ہوئے۔ گیسٹ ہاؤز سے چارمینار جاتے

ہوئے میں نے پروفیسر عبدالعظیم صاحب سے خواہش کی تھی کہ میں انٹرویو کے سلسلے میں تھوڑا سا وقت لوں گا۔ پروفیسر صاحب انٹرویو کے لیے آمادہ ہو گئے۔ اپنے سوانحی حالات کے بارے میں سوالات کا جواب دیتے ہوئے آپ نے کہا کہ وہ یکم جنوری ۳۲ء کو اُتر پردیش کے ضلع بلند شہر کے ایک چھوٹے سے گاؤں گودھنا میں پیدا ہوئے ان کی ابتدائی تعلیم ڈبائی میں ہوئی۔ نویں درجہ سے تعلیم کے لیے علی گڑھ تشریف لائے۔ علی گڑھ مسلم یونیورسٹی میں ہائی اسکول سے اُردو میں ایم اے تک تعلیم حاصل کی۔ ۱۹۵۵ء میں انھوں نے بی۔اے کا امتحان کامیاب کیا۔ بی اے میں ان کے مضامین اردو ادب جغرافیہ اور ریاضی تھے۔ علالت کی وجہ سے ان کی تعلیم کا سلسلہ منقطع ہو گیا پھر ۱۹۵۷ء میں علی گڑھ تاریخ ادب اردو کی اسکیم سے وابستہ ہوئے۔ پروفیسر مسعود حسین خاں کے مشورے کے مطابق ۱۹۵۸ء کی گرمائی تعطیلات میں آپ نے میسور سے لسانیات کی دو ماہ کی مختصر مدتی ٹریننگ حاصل کی۔ آپ نے کہا کہ علی گڑھ واپس ہونے کے فوراً بعد یعنی جولائی ۱۹۵۸ء میں پروفیسر مسعود حسین خاں کی تحریک پر ایم۔ اے (اُردو) میں داخلہ لیا اور جون ۱۹۶۰ء میں امتیاز کے ساتھ ایم اے (اردو) کا امتحان کامیاب کیا۔ ستمبر ۱۹۶۰ء میں یونیورسٹی آف کیلی فورنیا (برکلے) کے اسکالرشپ پر وہ امریکہ روانہ ہوئے۔ کیلی فورنیا میں قیام کے دوران غیر ملکی طلبا کے لیے بحیثیت ریسرچ اسسٹنٹ، اردو ٹیچنگ میٹریل تیار کیا۔ اور اُردو کی تدریس میں وہاں کے پروفیسر DR. GUMPERZ کی مدد کی۔ سلسلۂ کلام جاری رکھتے ہوئے آپ نے کہا کہ ۱۹۶۳ء میں لسانیات کے مشہور عالم پروفیسر مینیو PROFESSOR. MENEAU کے زیر نگرانی کیلی فورنیا یونی ورسٹی سے ایم۔ اے (لسانیات) کی ڈگری امتیاز کے ساتھ حاصل کی۔ آپ نے کہا کہ نیویارک کی کولمبیا یونی ورسٹی نے لکچرار کی حیثیت سے میری خدمات حاصل کیں۔ وہاں صرف چار مہینے کام کرنے کے بعد خاندان میں اچانک ایک

حادثہ کی وجہ سے میری اپنی اس ملازمت کا سلسلہ ترک کر کے ہندوستان واپس آیا۔ علی گڑھ واپس ہونے کے بعد آپ کا تقرر شعبۂ اردو میں بہ حیثیت لکچرار لسانیات عمل میں آیا۔ لکچرار کی حیثیت سے آپ نے مسلم یونی ورسٹی علی گڑھ میں سوا سال تدریسی خدمات انجام دیں۔ لیکن تدریس اور تحقیق کا کام حسب دلخواہ نہ ہو سکا۔

امریکہ کو دوبارہ روانگی کا تذکرہ کرتے ہوئے آپ نے کہا کہ خوش قسمتی سے کولمبیا یونی ورسٹی (نیویارک سٹی) نے پھر ایک بار مجھے لکچرار شپ کا پیشکش کیا اور میں علی گڑھ سے نیویارک واپس چلا گیا اور ایک سال کے بعد بیوی اور بچے بھی وہیں آ گئے۔

کولمبیا یونی ورسٹی میں لکچرر کی حیثیت سے کام کرنے کے دوران میں نے لسانیات میں پی۔ ایچ ڈی کی ڈگری اسی یونی ورسٹی سے حاصل کی۔ عالمی شہرت یافتہ پروفیسر ولیم ڈائیور Prof. WILLIAM DIVER کی زیر نگرانی، میں نے پی۔ ایچ ڈی کی تکمیل کی۔ امریکہ میں بہ حیثیت اسسٹنٹ پروفیسر میں نے کنساس KANSAS اسٹیٹ یونی ورسٹی، یونی ورسٹی آف ٹکساس آسٹن AUSTIN اور کولمبیا یونی ورسٹی (نیویارک سٹی) میں اردو زبان اور لسانیات کی تدریس اور تحقیق کے فرائض انجام دیئے۔ میرے پی ایچ ڈی کے مقالہ کا عنوان ہے "کلاسیکی اُردو میں فعل کے نظام" - SYSTEM OF THE VERB IN CLASSICAL URDU - اس مقالہ کی کاپیاں اور مائیکرو فلم "مشی گن مائیکرو فلم انٹرنیشنل" سے حاصل کی جا سکتی ہیں۔ میں نے پروفیسر عبدالعظیم سے ان کے تحقیقی کاموں کے بارے میں بھی دریافت کیا۔ آپ نے کہا کہ لسانی موضوعات پر میں نے متعدد تحقیقی مضامین لکھے ہیں جن میں سے ایک مضمون جرمنی کے ایک مشہور ریسرچ جرنل میں شایع ہو چکا ہے۔ اس کے علاوہ غیر ملکی طلباء کو اُردو پڑھانے کے لیے دو تدریسی کتابیں لکھی ہیں جن میں سے ایک یونیورسٹی آف

کیلی فورنیا سے شایع ہو چکی ہے اور دوسری ابھی غیر مطبوعہ ہے۔ اِس کتاب کے کولمبیا یونی ورسٹی (نیویارک سٹی) سے شایع ہونے کی توقع ہے۔

امریکہ کی یونی ورسیٹیوں کے ماحول، وہاں کی لائبریریوں اور طلباء و اساتذہ کے مابین ربط و تعلق کے بارے میں میرے استفسار پر پروفیسر ڈاکٹر عبد العظیم نے کہا کہ کولمبیا یونی ورسٹی (نیویارک سٹی) اور کیلی فورنیا یونیورسٹی (برکلے) میں کام کے دوران، میں نے محسوس کیا کہ وہاں صحیح معنوں میں سو فی صدی علمی ماحول ہوتا ہے۔ لائبریریاں آٹھ بجے صبح سے گیارہ بجے شب تک کھلی رہتی ہیں۔ LABS یعنی لیباریٹریز دن رات کھلی رہتی ہیں۔ لائبریری اور یونیورسٹی میں سنجیدہ فضا اور مکمل خاموشی رہتی ہے۔ طلباء کا نظم و ضبط (ڈسپلن) مثالی ہوتا ہے۔ طلباء وقت کے سختی سے پابند ہوتے ہیں اور ٹھیک وقت پر کلاس میں آتے ہیں۔ ٹیچر تیاری کے ساتھ کلاس میں قدم رکھتا ہے اور آخر منٹ تک نہایت دلچسپی اور انہماک کے ساتھ لیکچر دیتا ہے۔ وہاں ہر طرف DEDICATION اور DEVOTION کے روح پرور اور قابلِ تقلید نمونے دیکھنے میں آتے ہیں۔ ٹیچر ایک سمسٹر SEMESTER کے تمام لیکچروں کا پورا خاکہ پیش کرتا ہے۔ وہ مختلف موضوعات (TOPICS) پر لیکچر کے (HAND OUT) تیار کرکے دیتا ہے جس سے طلباء کو کم سے کم وقت میں زیادہ سے زیادہ معلومات حاصل ہوتی ہیں۔ ہر ہفتہ ہر ٹیچر کا OFFICE HOUR ہوتا ہے جس میں وہ طلبا کی انفرادی طور پر مدد کرتا ہے۔ پروفیسر عبد العظیم نے کہا کہ امریکہ میں طالب علموں کے لیے دو طرح کے ٹسٹ ہوتے ہیں، ایک کوئز (QUIZ) ہے جو قبل از قبل اطلاع دیئے بغیر یا طے شدہ پروگرام کے بغیر کسی دن اور کسی وقت بھی دیا جا سکتا ہے۔ یہ صرف پانچ یا دس منٹ کا ہوتا ہے۔ دوسرا ٹسٹ (LONGER TEST) ہوتا ہے جو میقات (TERM) کے درمیان اور سمسٹر کے آخر میں طے شدہ اور معلنہ پروگرام

کے مطابق منعقد کئے جاتے ہیں۔ گریڈ دینے کا پورا اختیار ٹیچر کو حاصل ہوتا ہے طالب علم سے توقع کی جاتی ہے کہ وہ نہایت پابندی کے ساتھ اپنا ریڈنگ اور رائٹنگ (ASSIGNMENT) پورا کرکے لائے گا۔ جو طلباء لاپرواہی برتتے یا کسی اور وجہ سے توجہ نہیں دیتے، وہ ناکام ہوجاتے ہیں۔ ہر سطح اور ہر قماش کے طالب علم کو محنتی طلبا کا ساتھ دینا پڑتا ہے یا پھر اپنی تعلیم کے سلسلے کو ترک کرنا پڑتا ہے — طالب علم نہایت پابندی سے کالج آتے ہیں۔ صرف علالت کی صورت میں یا کوئی ناگزیر صورت میں وہ نہیں آتے کیونکہ انھیں اس کا علم اور احساس ہے اور وہ، خوب جانتے ہیں کہ اگر وہ غیر حاضر رہیں گے تو نقصان انہی کا ہوگا۔ طلباء کی حاضری کبھی نہیں ہوتی۔ امریکہ بعض بڑی یونیورسٹیوں میں کام کے دوران میرا مشاہدہ اور تجربہ دلچسپ رہا۔ ان یونیورسٹیوں کے مختلف شعبوں میں نامی گرامی پروفیسر امور ہیں۔

آپ نے کہا کہ میں نے یہ بھی دیکھا کہ یونی ورسٹیوں میں کسی قسم کا امتیاز نہیں برتا جاتا۔ بلا امتیاز سب کو ملازمت دی جاتی ہے۔ خواہ وہ کسی رسٹورنٹ کی معمولی بیراگری ہو، یا کسی یونیورسٹی کی فیلوشپ۔ آپ نے مزید کہا کہ مجھے امریکہ والوں کی —— DIGNITY OF LABOUR پسند آئی۔ بڑے سے بڑے آدمی کی لڑکیاں اور لڑکے معمولی یا چھوٹے چھوٹے کام کرتے ہوے کبھی عار محسوس نہیں کرتے۔

گفتگو کا رخ موڑتے ہوے، میں نے پروفیسر لسانیات سے ایک سوال کیا جس کے جواب میں انھوں نے کہا کہ آندھرا پردیش میں دکنی کی جو علاقائی بولیاں ہیں، اُن پر عثمانیہ یونیورسٹی کے شعبۂ لسانیات میں اچھا کام ہوسکتا ہے۔ یہاں ان بولیوں پر کام کی بہت گنجائش ہے۔ پروفیسر صاحب نے کہا کہ چونکہ عثمانیہ یونی ورسٹی کی گرمائی تعطیلات شروع ہوچکی ہیں اس لیے یہاں کے لسانیات کے اساتذہ صاحبان سے ملاقات نہیں ہوسکی۔ البتہ جناب ہاشم علی اختر وائس چانسلر عثمانیہ یونی ورسٹی سے ملاقات کے دوران میں

نے ان سے کہا کہ دکنی کی علاقائی بولیوں پر ریسرچ کی شدید ضرورت ہے۔ ریسرچ کے لیے اگر ان موضوعات کو ترجیح دی جائے تو مناسب ہوگا کیونکہ دکنی کی اِن علاقائی بولیوں پر اب کام نہ ہوسکا اور بیش قیمت مواد کو ریکارڈ نہیں کیا گیا تو ماس کمیونیکیشن اور LANGUAGE STANDARDISATION کے سبب اس صدی کے آخر تک شاید یہ بولیاں فنا یا ناپید (EXTINCT) ہوجائیں گی۔

وائس چانسلر عثمانیہ یونی ورسٹی سے اِس موضوع پر اگرچہ تفصیلی گفتگو نہیں ہوسکی لیکن سلکشن کمیٹی کی میٹنگ کے دوران میں نے اُن کے علم میں یہ بات لائی ہے کہ یہ کام بے حد اہم ہے جو علی گڑھ اور عثمانیہ یونی ورسٹی کے تعاون سے کیا جاسکتا ہے۔ لسانیات میں ریسرچ کے سلسلے میں علی گڑھ اور حیدرآباد میں COORDINA-TION ہونا چاہیے۔ سلسلۂ کلام جاری رکھتے ہوئے پروفیسر عبدالعلیم نے کہا کہ میری درخواست پر عثمانیہ یونی ورسٹی کے شعبۂ لسانیات کے ریڈر پروفیسر اور سابق صدر پروفیسر کرشنا مورتی آج صبح یونیورسٹی گیسٹ ہاؤز تشریف لائے تھے اُن سے میں نے مُسلم یونی ورسٹی علی گڑھ اور عثمانیہ یونی ورسٹی کے لسانیات کے شعبوں میں تعاون کی ضرورت پر تبادلۂ خیال کیا۔ آپ نے کہا کہ مجھے اُمید ہے کہ پروفیسر کرشنا مورتی کی دلچسپی کی بدولت دونوں یونی ورسٹیوں کے ان شعبوں کے درمیان تعاون کی کوئی صورت نکل آئے گی۔

میرے ایک سوال کے جواب میں آپ نے کہا کہ دکنی کوئی (MONOLITHIC) زبان نہیں ہے بلکہ اس کی مختلف علاقائی بولیاں ہیں جن میں صوتی، صرفی اور نحوی ہر سطح پر فرق پایا جاتا ہے۔ ضرورت ہے کہ دکنی کا مکمل DIELECT SURVEY ہو آپ نے کہا کہ مختلف بولیوں کے سروے اور ان کے تجزیے سے فائدے ہوں گے۔ پہلا فائدہ یہ ہوگا کہ SOCIO-LIGUISTIC CONDITIONS

کا اندازہ ہو جائے گا۔ دوسرا یہ کہ بولیوں کے فرق (VARIATIONS) کی روشنی میں دکنی بولیوں کی حد بندی کی جا سکے گی۔ ایک اور فائدہ یہ ہوگا کہ ان بولیوں کے مطالعہ سے قدیم اُردو کی صوتیات، قواعد اور اُردو زبان کی ابتدا سے متعلق بہت سی گتھیوں کے سلجھانے میں مدد مل سکے گی۔ یہ ریسرچ اِن تین گتھیوں کے سُلجھانے میں کم ازکم نشانِ راہ کا کام دے سکتی ہے۔

آپ نے کہا کہ ظاہر ہے، زندہ زبان کی ہزاروں چیزیں ادب میں ریکارڈ میں نہیں آسکیں۔ دکنی اردو میں قدیم زبان کا جتنا تحفظ (PRESERVATION) ہوا ہے، شمال میں نہیں ہو سکا۔ اس کا سبب یہ ہے کہ شمال میں اردو زبان نے بہت تیزی سے اِرتقائی منازل طے کی ہیں۔ اِس کے برعکس جنوب میں دراوڑی زبانوں کے اجنبی ماحول میں دکنی اردو نے قدیم اردو کی خصوصیات کو بڑی حد تک باقی و برقرار رکھا ہے اس لیے آج بھی ہمیں دکنی کی زندہ بولیوں میں قدیم اردو کے وہ نقوش مل سکتے ہیں جو شمال میں اب معدوم ہو چکے ہیں۔ علی گڑھ کے شعبۂ لسانیات کے بارے میں آپ نے کہا کہ ۱۹۷۸ء کے اواخر میں پروفیسر علی محمد خسرو سابق وائس چانسلر مسلم یونی ورسٹی علی گڑھ کی دعوت اور پروفیسر مسعود حسین خاں سابق وائس چانسلر جامعہ ملیہ اسلامیہ کے مشورے کی بنا پر آپ علی گڑھ واپس تشریف لائے اور شعبۂ لسانیات کے پروفیسر اور صدر کی حیثیت سے اِس شعبہ کی نئی تنظیم کا کام آپ نے شروع کیا میرے شعبے میں اِس وقت میرے علاوہ دو ریڈر اور تین لکچرار ہیں۔ امید ہے کہ گزشتہ پنج سالہ منصوبے کے تحت چند نئی جائیدادیں (آسامیاں) ہمیں مل جائیں گی۔ جن کی ہمیں اشد ضرورت ہے۔ صدر شعبہ کی حیثیت سے میرے جائزہ حاصل کرنے کے بعد سے تدریسی کام میں اضافہ ہوا ہے۔ ایم۔ اے کے علاوہ بی۔ اے میں بھی لسانیات ایک اختیاری مضمون کی

حیثیت سے نہ صرف یونی ورسٹی میں بلکہ ویمنس کالج میں بھی پڑھائی جارہی ہے۔ امید ہے کہ (۱۰+۲) میں بھی ایک مضمون کی حیثیت سے لسانیات کی تدریس کا سلسلہ مسلم یونی ورسٹی علی گڑھ کے تینوں ہائر سکنڈری اسکولوں میں شروع ہو جائے گا۔

آپ نے کہا کہ علی گڑھ میں ایم۔ اے لسانیات کے طلباء کی تعداد میں اضافہ ہوا ہے اور لسانیات میں پی۔ ایچ ڈی کے طلبا اور طالبات کی تعداد (۱۲) تک پہنچ چکی ہے۔ ریسرچ کے سلسلے میں طلباء پر ہم کسی طرح کی پابندی عائد نہیں کرتے۔ طلباء کسی بھی زبان پر کام کرسکتے ہیں اور وہ کام کر رہے ہیں لیکن چونکہ علی گڑھ کا شعبۂ لسانیات اردو ORIENTED ہے اس لیے یہاں اردو زبان کے مختلف پہلوؤں پر تحقیق کو ترجیح دی جاتی ہے۔ چنانچہ اِس وقت پی۔ ایچ ڈی کے کئی امیدوار اُردو کی علاقائی بولیوں پر ریسرچ کر رہے ہیں۔ ہمارے شعبہ میں معیاری اردو پر بھی ریسرچ ہو رہی ہے۔ اِس ریسرچ کا ایک مشترکہ (JOINT) پراجکٹ ہے لیکن اس کے مختلف پہلوؤں پر علٰحدہ علٰحدہ ریسرچ کا کام بڑی تیزی سے ہو رہا ہے۔ اُمید ہے کہ اس پراجکٹ کے مقالوں کی تکمیل پر ہم انھیں مونو گراف کی شکل میں شایع کرسکیں گے ریسرچ کا یہ کام ایک دوسرے سے الگ ہوتے ہوئے بھی ایک JOINT - VENTURE ہے۔ اس طرح اردو زبان پر ریسرچ کا ایک سلسلہ' مقالوں کی صورت میں زیور طبع سے آراستہ ہوگا۔ چونکہ یہ مقالے ایک دوسرے سے مربوط ہیں اس لیے اِن کی وجہ سے اردو زبان کی مجموعی تصویر اُبھر کر سامنے آئے گی۔

آخر میں میں نے پروفیسر عبدالعظیم صاحب کا' اُن کے معلومات افزا اور فکر انگیز جوابات اور خوش اخلاقی کا دلی شکریہ ادا کرتے ہوے اُن سے رخصت کی اجازت چاہی۔

■■

جناب محمد اکبرالدین صدیقی سے انٹرویو

میں نے جناب محمد اکبرالدین صدیقی سابق ریڈر شعبہ اُردو جامعہ عثمانیہ سے حال ہی میں ایک انٹرویو لیا تھا۔ میں شکر گزار ہوں کہ جناب صدیقی نے میرے ہر سوال کا جواب نہایت خندہ پیشانی کے ساتھ دیا اور اس طرح ۲½ گھنٹوں پر مشتمل اس انٹرویو سے جناب صدیقی کی زندگی، شخصیت اور ادبی خدمات کے بارے میں مجھے اہم معلومات حاصل ہوئیں۔ انٹرویو کا وقت بھی صدیقی صاحب کی عمر اور عام صحت کا لحاظ کرتے ہوئے تکلیف دہ تھا۔ یعنی موسم گرما میں ۱۱ بجے صبح۔ انٹرویو کے ختم ہوتے ہوتے ۱½ بج چکا تھا۔ میں اس سلسلے میں صدیقی صاحب کے ضبط و برداشت کی داد دیئے بغیر رہ نہیں سکتا۔

گورنمنٹ سٹی ہائی اسکول (سٹی کالج) کی آٹھویں جماعت میں میری طالب علمی کے دوران، صدیقی صاحب میرے استاد بھی رہ چکے ہیں۔ انٹرویو کے اثنائے میں انھوں نے کہا کہ وہ ۵ر نومبر ۱۹۱۳ء کو بھینسہ ضلع عادل آباد میں پیدا ہوئے۔ آپ کی پیدائش کے وقت بھینسہ ضلع ناندیڑ میں شامل تھا البتہ ۱۹۵۶ء سے یہ ضلع عادل آباد کا ایک تعلقہ ہے۔ ضلع عادل آباد آصفجاہی دور حکومت میں شامل تھا۔ اس وقت نواب میر عثمان علی خان آصف سابع کی مملکت حیدرآباد میں شامل تھا۔

آپ کے والد جناب محمد اکرام الدین صاحب بھینسہ میں ناظر عدالت تھے ان کا تبادلہ نانديڑ پر عمل میں آیا اس کے بعد وہ قندھار میں سررشتہ دار عدالت ہوئے۔ کچھ عرصے کے بعد آپ کی تعیناتی پھر ایک بار بھینسہ پر عمل میں آئی۔

میرے ایک سوال کے جواب میں آپ نے کہا کہ آپ کے والد اُردو اور فارسی میں نعت اور نظموں کے علاوہ کبھی کبھی عربی میں بھی نعت لکھا کرتے تھے۔ اپنی ہائی اسکول کی تعلیم پر روشنی ڈالتے ہوئے جناب صدیقی نے کہا کہ میری تعلیم کی ابتدا نانديڑ سے ہوئی۔ نانديڑ سے آپ کے والد صاحب کے قندھار پر تبادلہ کے بعد آپ قندھار کے اسکول کی جماعت، سوم میں شریک ہوئے۔ آپ نے بتایا کہ ۱۹۲۷ء میں مڈل کا سالانہ امتحان' بورڈ کا سرکاری امتحان ہوا کرتا تھا۔ کامیابی پر سند بھی دی جاتی تھی۔ بورڈ کی طرف سے مڈل کے امتحان میں کامیابی پر دی ہوئی یہ سند میرے پاس اب بھی محفوظ ہے۔ مڈل کا یہ امتحان جس میں' میں نے شرکت کی تھی' بورڈ کی طرف سے لیا جانے والا آخری سرکاری امتحان تھا۔ اس کے بعد مڈل کے سرکاری امتحان کا یہ سلسلہ ختم ہوگیا۔ آپ نے کہا کہ انگریزی کی خاطر میں حیدرآباد میں مدرسہ وسطانیہ' شاہ گنج میں شریک ہوا۔ حیدرآباد میں اس وقت میرا قیام ڈاکٹر زور کے دولت کدے پر رہا۔ اس زمانہ میں ڈاکٹر زور ایم اے کا امتحان دینے کی تیاری کر رہے تھے لیکن ان کی مشہور کتاب "رُوحِ تنقید" شائع ہو چکی تھی۔ چنانچہ "رُوحِ تنقید" کا ایک نسخہ ڈاکٹر زور نے میرے والد صاحب کو تحفتاً دیا تھا۔

مدرسہ وسطانیہ شاہ گنج میں شرکت کے بعد میں ملیریا کے مرض

میں مبتلا ہوا۔ علالت کا یہ سلسلہ چلا تو چار مہینے بعد ضلع بیڑ چلا گیا اور میں نے اس ضلع کے ہائی اسکول میں پری میٹرک میں داخلہ لیا۔ سیلو ضلع پربھنی پر میرے تایازاد بھائی محمد افضل الدین فاروقی منصف مجسٹریٹ تھے جو علی گڈھ اور آکسفورڈ میں علی یاور جنگ کے کلاس میٹ اور ہاسٹل میں ان کے روم میٹ بھی تھے۔ وہ علی گڈھ اور آکسفورڈ کے گریجویٹ تھے اور سیشن جج کی حیثیت سے ریٹائر ہوئے۔ تایازاد بھائی جناب محمد افضل الدین فاروقی کی دلچسپی اور ہمدردی کی بدولت میں اپنی تعلیم کے سلسلہ کو جاری رکھ سکا۔ ۱۹۲۰ء میں میرے والد جناب محمد اکرام الدین کا بیڑ میں انتقال ہوگیا۔ ان کی تدفین بھی بیڑ ہی میں عمل میں آئی۔ انتقال کے وقت میرے والد صاحب سررشتہ دار عدالت اور برسرِ خدمت تھے۔ (۵۲) سال کی عمر میں ان کا انتقال ہوا۔

آپ نے کہا کہ والد صاحب کے انتقال کے بعد میں حیدرآباد آیا اور گورنمنٹ سٹی کالج کی جماعت پری میٹرک یعنی نویں جماعت میں ۱۹۲۱ء میں داخلہ لیا اور ۱۹۲۲ء میں گورنمنٹ سٹی کالج ہی سے میں نے عثمانیہ میٹریکیولیشن کا امتحان بدرجہ دوم کامیاب کیا۔ گورنمنٹ سٹی کالج سے ۱۹۲۴ء میں انٹرمیڈیٹ اور عثمانیہ یونیورسٹی سے ۱۹۲۶ء میں بی اے بدرجہ سوم کامیاب کیا اور سٹی کالج میں ٹیچر کی حیثیت سے میرا تقرر عمل میں آیا۔ صغیر سے چھٹی جماعت تک مختلف کلاسوں میں اُردو اور فارسی پڑھانے کا کام میرے تفویض کیا گیا۔ ایم اے (اُردو) سے، خانگی امیدوار کی حیثیت سے میں نے ۱۹۴۲ء میں کامیاب کیا۔ ٹیچر کی حیثیت سے (۳) سال کی

ملازمت کے بعد میں نے ایم اے کا یہ امتحان دیا تھا۔ ٹیچر ہونے سے پہلے سررشتہ کروڑگیری میں صرف ایک مہینہ اہلکار (کلرک) کی حیثیت سے کارگذار رہا۔

میٹرک، انٹرمیڈیٹ اور بی اے میں اپنے مضامین کے بارے میں آپ نے کہا کہ میٹرک میں آپ کا اختیاری مضمون فارسی تھا۔ انٹرمیڈیٹ میں اُردو، فارسی اور معاشیات اور بی اے میں انگریزی اور دینیات لازمی مضامین اور اُردو فارسی اختیاری مضامین تھے۔

میٹرک، انٹرمیڈیٹ، بی اے اور ایم اے کے اساتذہ کے بارے میں استفسار پر آپ نے کہا کہ عثمانیہ میٹرک کے اساتذہ میں فارسی کے لئے جناب عمر فاروق، اُردو کے لئے جناب سید محمد، انگریزی کے لئے محمد علی صاحب اور یوسف علی صاحب تھے۔

مولوی غلام محی الدین عرف چھوٹے مولوی صاحب ہم طالب علموں کو دینیات پڑھایا کرتے تھے۔ تاریخ و جغرافیہ کے لئے سید حسین زیدی صاحب ریاضی کے لئے رتن لال صاحب، طبیعات کے لئے سدرشن راج صاحب اور کیمسٹری کے لئے خلیل الرحمن صاحب مامور تھے۔

انٹرمیڈیٹ کے میرے اساتذہ میں، اُردو کے لئے جناب سید محمد صاحب اور جناب ابوظفر، عبدالواحد، فارسی کے لئے جناب علی رضا شیرازی انگریزی کے لئے جناب عطار الرحمن اور مسٹر دراسوامی تھے جو آگے چل کر عثمانیہ یونیورسٹی کے وائس چانسلر بھی ہوئے۔ میں نے انٹر میں معاشیات خواجہ منیر الدین صاحب اور جناب میر محمود علی سے پڑھی تھی۔ میر محمود علی صاحب

صنعتی نمائش کمیٹی (نمائش مصنوعات ملکی) کے پہلے صدر تھے۔ یہ صنعتی نمائش سب سے پہلی بار باغ عام (پبلک گارڈن) میں منعقد کی گئی تھی۔ اس کے انعقاد اور انتظام کے سلسلے میں، میں نے بھی ایک والنٹیر کارکن کی حیثیت سے کام کیا تھا، اس وقت میں، سٹی ہائی اسکول میں، ٹیچر تھا۔ انٹرمیڈیٹ میں ہمیں دینیات جناب سید نبی صاحب نے پڑھائی تھی۔ نواب لطیف یار جنگ سابق ناظم آبکاری کے صاحبزادے جناب عبدالقیوم بھی دینیات پڑھاتے تھے۔ عثمانیہ یونیورسٹی میں بی اے کے اساتذہ میں انگریزی کے لئے جناب پروفیسر حسین علی خاں اور دُرّا سوامی، ڈاکٹر سید عبداللطیف، پروفیسر دیرابھدر روڈو، پروفیسر اسپیٹ اور پروفیسر ہارڈونگ تھے۔

اُردو کے اساتذہ میں بابائے اُردو مولوی عبدالحق صدر شعبہ اُردو تھے اور تنقید پڑھاتے تھے۔ اُردو کے دیگر اساتذہ میں ڈاکٹر زور، پروفیسر سروری اور ڈاکٹر سید سجاد تھے۔ پروفیسر سید سجاد موٹر کے ایک حادثہ کے بعد رخصت بیماری پر تشریف لے گئے تو جناب شیخ چاند کا تقرر منصرم کی حیثیت سے عمل میں آیا۔ شیخ چاند صاحب نثر پڑھاتے تھے۔ وہ یہاں سات مہینے رہے اور پھر اورنگ آباد چلے گئے۔ بی اے میں ہمیں جناب عبدالحمید خاں شروانی نے فارسی پڑھائی تھی اس زمانے میں ڈاکٹر نظام الدین صاحب صدر شعبہ فارسی تھے۔ ڈاکٹر قاری سید کلیم اللہ حسینی صاحب اور لطیف احمد فاروقی صاحب بھی اساتذہ شعبہ فارسی میں شامل تھے۔

شعبہ عربی میں مولوی سید ابراہیم، جامعہ نظامیہ سے کے

فارغ التحصیل تھے اور علامتہ الدہر تھے۔ صاجزادہ میر محمد علی خاں میکش کے افسانوی طرز کے ہنگامہ پرور اور سنسنی خیز یادگار مضمون "آسمانِ شہرت پر پرواز" میں مولوی سید ابراہیم ان اساتذہ جامعہ میں شامل تھے جنھیں اٹھا کر آسمانِ شہرت پر لے جایا گیا تھا۔

آپ نے بتایا کہ شعبہ ہندی میں پنڈت رت ونشی دھر دویالنکار لکچرار کی حیثیت سے کام کر رہے تھے۔

اردو میں مضامین نظم و نثر لکھنے کے مشغلہ کے بارے میں میرے ایک سوال کے جواب میں جناب محمد اکبر الدین صدیقی نے کہا کہ میٹرک میں زیر تعلیم تھا کہ افسانے پڑھنے اور لکھنے کا شوق پیدا ہوا۔ میرے لکھے ہوئے افسانے بمبئی کے ہفتہ وار اخباروں "مصور" (ہفتہ وار) "الاعظم" (ہفتہ وار) کے علاوہ بعض رسالوں میں بھی شائع ہوئے تھے۔ میں اپنی میٹرک کی طالب علمی کے زمانے میں سٹی کالج کے رسالہ "الموسیٰ" کا ایڈیٹر رہا۔ طالب علمی کے اس دور میں مضامین لکھنے کے علاوہ میرا رجحان شعر گوئی کی طرف بھی تھا۔ آپ نے فرمایا کہ میٹرک میں مجھے اردو اور تاریخ و جغرافیہ سے بہت زیادہ دلچسپی تھی۔

آپ نے مزید کہا کہ تنقیدی مضامین لکھنے کا آغاز بی اے کی طالب علمی کے دور سے ہوا۔ میرے چند تنقیدی مضامین لاہور کے رسالہ "شاہکار" میں شائع ہوئے تھے اس رسالہ کے ایڈیٹر جناب تاجور نجیب آبادی تھے۔

بی اے کے قابلِ ذکر ساتھیوں کے بارے میں آپ نے کہا کہ مرزا

محمد بیگ کے صاحبزادے مرزا باسط بیگ اور مرزا فاروق بیگ میرے بی اے کے ساتھیوں میں قابلِ ذکر ہیں یہ دونوں آگے چل کر ای سی ایس ہوئے۔ میرے ایک اور ہم جماعت نواب داؤد جنگ کے داماد نواب علی حسین خان جاگیر دار تھے۔ یہ فرصت کا زیادہ وقت نظام کلب میں گزارتے تھے۔ پروفیسر محمود حسین (انگریزی) محمد بن عمر (انگریزی اور اردو) محمد عمر مہاجر (اردو) اور عباس علی خان میرے قریبی اور عزیز ساتھیوں میں شامل ہیں۔

محمد بن عمر اور عباس علی خان اپنے دور کے انگریزی کے بہترین مقرر تھے۔ یہ دونوں پروفیسر اسپینڈر کے خاص شاگرد تھے۔ ایک مرتبہ ان دونوں نے آکسفورڈ سے آئی ہوئی مقررین کی ایک ٹیم کے مقابلے میں حصہ لیا تھا۔ آکسفورڈ کی اس ٹیم کے ساتھ آئے ہوئے پروفیسر نے ان دونوں عثمانین کی اعلیٰ تقریری صلاحیت کو زبردست خراجِ تحسین ادا کیا تھا۔ اس طرح ان دو طلباء نے باہر کی دنیا کے پروفیسر کے سامنے عثمانیہ یونی ورسٹی کی نیک نامی شہرت اور وقار میں اضافہ کیا تھا۔

ہائی اسکول میں ٹیچر اور کالجوں میں لکچرار اردو کی حیثیت سے کارگزار رہنے کے بارے میں صدیقی صاحب نے کہا کہ وہ ٹیچر کی حیثیت سے صرف سٹی ہائی اسکول (سٹی کالج) میں ۱۹۳۶ء سے ۱۹۵۵ء تک کارگزار رہے۔ جناب سید محمد اعظم (نواب اعظم جنگ بہادر) سٹی کالج کے پرنسپل تھے۔ جناب صدیقی صاحب ۱۹۵۵ء میں عثمانیہ یونیورسٹی سے وابستہ ہوئے اور ۱۹۵۸ء تک انہوں نے اردو کے لکچرار کی حیثیت

سے سبسٹی ٹیوٹ میں کام کیا۔ نواب اعظم جنگ بہادر کے بعد جناب احمد حسین خان، ڈاکٹر سید محی الدین قادری زور، ڈاکٹر رام لعل اور جناب غیاث الدین احمد سٹی کالج کے پرنسپل ہوئے۔ جز وقتی لکچرار اردو کی حیثیت سے جناب صدیقی نے نظام کالج ڈے اور ایوننگ میں بھی کام کیا۔

اپنے ایم اے کے مقالے کے بارے میں جناب محمد اکبرالدین صدیقی نے بتایا کہ ان کے مقالہ کا عنوان "پریم چند اور ان کی افسانہ نگاری" تھا۔ اس مقالہ کے سوپروائزر ڈاکٹر زور تھے۔ ایم اے کے زبانی امتحان کے لئے بیرونی ممتحن کی حیثیت سے جامعہ ملیہ (دہلی) کے پروفیسر محمد مجیب صاحب تشریف لائے تھے۔ ایم اے کا امتحان صدیقی صاحب نے [illegible] میں بدرجہ دوم کامیاب کیا۔ آپ نے بتایا کہ کالجوں کی ملازمتوں کے دوران آپ نے سیف آباد کالج میں ۱۹۵۸ء سے ۱۹۶۲ء تک، سکندرآباد ڈے اور ایوننگ کالج میں ۱۹۶۲ء تک، حیدرآباد ایوننگ کالج میں ۱۹۶۵ء سے ۱۹۶۸ء تک، آرٹس اینڈ سائنس کالج ورنگل میں ۱۹۶۸ء سے ۱۹۷۱ء تک اور حیدرآباد ایوننگ کالج میں ۱۹۷۱ء سے ۱۹۷۴ء تک کام کیا۔

صدیقی صاحب نے ایک سوال کے جواب میں کہا کہ وہ ۱۹۶۵ء میں ریڈر شعبہ اردو ہوئے تھے اور ۵ فروری ۱۹۷۶ء کو ریڈر شعبہ اردو کی حیثیت سے وظیفہ حسن خدمت پر ان کی سبکدوشی عمل میں آئی۔

آپ نے بتایا کہ مختلف کالجوں میں کام کے دوران، کئی افسر صاحبان سے ان کا ربط و تعلق رہا اور بفضل خدا ہر پرنسپل نے ان کی خدمات کو قدر کی نگاہوں سے دیکھا۔ سٹی کالج میں لکچراری کے دوران

جناب رام لعل پرنسپل تھے ' سیف آباد کالج میں لکچرار کی حیثیت سے مامور تھے تو وہاں جناب محمد علی خاں اوران کے بعد جناب خلیل الرحمن پرنسپل رہے۔ حیدرآباد ایوننگ کالج میں میجر احمد الدین اور پھر مسٹر پی وی راجگوپال پرنسپل رہے۔

آرٹس اینڈ سائنس کالج ورنگل کے پرنسپل جناب قادر حسین قریشی اوران کے بعد جناب گنیش پرشاد جیسوال رہے۔

جناب محمد اکبرالدین صدیقی نے سلسلۂ کلام جاری رکھتے ہوئے کہا کہ سٹی ہائی اسکول (سٹی کالج) میں ٹیچر کی حیثیت سے کام کرنے کے دوران انہیں ۱۹۴۸ء سے ۱۹۵۵ء تک بدروکا کالج آف کامرس میں جز وقتی لکچرار اردو کی حیثیت سے کام کرنے کا موقع ملا تھا۔ اس کام کی اجازت انھیں سررشتۂ تعلیمات نے دی تھی۔ سررشتہ نے سٹی کالج کے پرنسپل جناب رام لال کی خدمت میں مراسلہ ارسال کیا تھا کہ صدیقی صاحب کو بدروکا کالج آف کامرس میں جزوقتی لکچرار اردو کی حیثیت سے کام کرنے کی سہولت عطا کی جائے۔

جناب صدیقی نے کہا کہ آرٹس کالج عثمانیہ یونی ورسٹی میں انھوں نے ریڈر کی حیثیت سے ۱۹۶۵ء سے ۱۹۶۸ء تک اردو زبان دوم کے طلبا کو اور ۱۹۷۱ء سے ۱۹۷۴ء تک ایم اے کی جماعتوں کے طلبا کو پڑھایا ہے۔

آرٹس کالج عثمانیہ یونی ورسٹی میں ۱۹۵۵ء سے ۱۹۶۴ء تک پروفیسر عبدالقادر سروری صدر شعبہ اردو تھے اور ۱۹۶۵ء سے ۱۹۷۴ء کے دوران ڈاکٹر مسعود حسین خان اور ان کے بعد ڈاکٹر رفیعہ سلطانہ موجودہ ڈین فیکلٹی آف آرٹس عثمانیہ یونی ورسٹی شعبہ اردو کی صدر رہیں۔

آپ نے بتایا کہ پیشہ کا انتخاب میری مرضی اور پسند کے مطابق ہوا

تھا اس لئے درس و تدریس کے اس سلسلے سے مجھے ہمیشہ گہری دلچسپی رہی اور میں نے حتی الامکان محنت، خلوص، انہماک اور احساسِ فرض کے ساتھ خدمت انجام دی۔

شادی کے بارے میں استفسار پر آپ نے کہا کہ میری شادی ۱۳۳۹ فصلی ۱۹۴۹ء میں میرے حقیقی چچا جناب محمد خلیل الدین صاحب کی صاحبزادی سے ہوئی۔ میرے خسر جناب محمد خلیل الدین پانگاؤں کے قاضی تھے۔ مجھے دو مرتبہ حج کی سعادت حاصل ہوئی۔ میں نے پہلا حج ۱۹۷۴ء میں اور دوسرا حج ۱۹۸۰ء میں کیا تھا۔

حیدرآباد سے باہر اپنے سفر کے بارے میں جناب محمد اکبر الدین صدیقی صاحب نے کہا کہ دہلی، کشمیر، مدراس، میسور، بنگلور اور بمبئی کے سفر کا مجھے موقع ملا۔ ایک مرتبہ کیرالا کی کالی کٹ یونی ورسٹی میں میرے احباب جناب احتشام احمد ندوی اور جناب سیّد قدرت اللہ صاحب سے ملاقات کے لئے بھی گیا تھا۔ یہ سفر بھی بہت پُرلطف اور یادگار تھا۔

آپ نے کہا کہ میں عثمانیہ یونیورسٹی کے علاوہ کشمیر یونی ورسٹی میں ایم اے کا ممتحن رہا۔ پانچ سال کے لئے جبل پور یونی ورسٹی کے ایم اے اور پی ایچ ڈی کا ممتحن مقرر کیا گیا تھا۔

مرہٹواڑہ یونی ورسٹی (اورنگ آباد) اور میسور یونی ورسٹی کے بورڈ آف اسٹیڈیز کا ممبر بھی رہ چکا ہوں۔

عثمانیہ یونی ورسٹی اور اس کے تحت مختلف ڈگری کالجوں میں

درس و تدریس کی مصروفیات کے علاوہ، حیدرآباد کی علمی، ادبی، تہذیبی انجمنوں اور اداروں سے بھی میرا تعلق رہا ہے۔ اس کی تفصیل بتاتے ہوئے آپ نے کہا کہ میں انجمن طیلسانین (گریجویٹس اسوسی ایشن) کا ۱۳۵۶ فصلی سے گیارہ سال تک معتمد رہا۔ انجمن طیلسانین کی معاشی کمیٹی اور نمائش سوسائٹی کا رُکن بھی رہ چکا ہوں۔ اس کے علاوہ چار سال تک میں مجلہ طیلسانین کا ایڈیٹر بھی رہا۔

اِدارۂ ادبیاتِ اُردو حیدرآباد سے اپنی دیرینہ وابستگی پر روشنی ڈالتے ہوئے آپ نے کہا کہ ادارۂ ادبیاتِ اُردو کے کتب خانہ کا اس ادارہ کے قیام سے آج تک بھی معتمد ہوں۔ ۱۹۷۰ء میں ادارہ ادبیات کے شعبہ امتحانات کا معتمد مقرر ہوا اور (۱۲) سال تک اس شعبہ کا معتمد رہا مجھ سے پہلے معتمد شعبۂ امتحانات عارف الدین حسن تھے اور جناب عارف الدین حسن سے پہلے جناب خواجہ حمید الدین شاہد، جناب پروفیسر سید محمد اور جناب پروفیسر عبدالقادر سروری نے بھی معتمد شعبہ امتحانات کی حیثیت سے کام کیا تھا۔ میں دس سال تک ادارۂ ادبیاتِ اُردو کے ادبی ماہنامہ "سب رس" کی مجلسِ مشاورت کا معتمد اور اس رسالہ کا ایڈیٹر رہا۔
۱۹۶۰ء سے اب تک ادارۂ ادبیاتِ اُردو کی مجلسِ انتظامی کا رُکن ہوں۔ میرے ایک سوال کے جواب میں جناب صدیقی نے کہا کہ میں نے نوجوانی میں نظمیں بھی کہی تھیں۔ میری یہ نظمیں سٹی کالج کے میگزین "الموسی" اور ایک اور ادبی رسالہ "آئینہ ادب" میں شائع ہوئی تھیں۔

جناب علی احمد جلیلی "آئینہ ادب" کے ایڈیٹر رہ چکے ہیں۔ میری شعر گوئی کا یہ سلسلہ جلد ختم ہوگیا کیوں کہ میرا رجحان زیادہ تر تحقیق کی طرف تھا۔ مجھے یاد ہے کہ شعر گوئی کے مختصر سے دور میں جناب فضل الرحمن اسٹیشن ڈائریکٹر آل انڈیا ریڈیو حیدرآباد کی زیر صدارت، سٹی کالج میں منعقدہ ایک مشاعرہ میں "قحط بنگال" پر میں نے ایک نظم سنائی تھی۔ میرے نثری مضامین "شہاب"، "مجلہ عثمانیہ"، سب رس (کراچی)، ہندوستانی ادب، سب رس (حیدرآباد) اور نقوش (لاہور) میں شائع ہوئے ہیں۔

جہاں تک نظم و نثر کے مطالعہ کا تعلق ہے شاعری میں غزل اور قصیدہ میری پسندیدہ اصناف ہیں اور نثر میں تنقید، تحقیق اور سفرنامہ مجھے بے حد پسند ہیں۔ اوائل عمر میں افسانہ اور ناول پڑھنے کا بھی شوق رہا۔ لیکن اب اس مشغلہ کے لئے وقت نہیں ملتا۔

آنکھوں میں موتیا بند کی وجہ سے تصنیف و تالیف کا سلسلہ فی الحال موقوف ہے۔

میں نے سوال کیا کہ کتابوں کی رسم اجرا یا رسم رونمائی کے بارے میں آپ کا کیا خیال ہے؟ آپ نے جواب دیا کہ میں اِس رسم کا کبھی قائل نہیں رہا۔

جناب محمد اکبر الدین صدیقی مشہور رباعی گو شاعر حضرت امجد حیدرآبادی سے بہت قریب رہے ہیں۔ میرے ایک سوال پر آپ نے کہا کہ حضرت امجد حیدرآبادی ہمارے ایک رشتہ دار کے ہاں مقیم رہے ہیں اور امجد صاحب سے ہماری رشتہ داری بھی تھی۔ وہ برسوں محلہ آغا پورہ میں رہے، جہاں میں بھی برسہا برس سے مقیم ہوں، وہ سررشتہ صدر

محاسبی میں ملازم تھے میں انھیں سررشتہ صدر محاسبی کو جاتے ہوئے یا وہاں سے واپس آتے ہوئے بھی دیکھا کرتا تھا۔

جناب صدیقی صاحب نے بانی ادارۂ ادبیات اُردو حیدرآباد، ڈاکٹر زورؔ کا تذکرہ نہایت ادب واحترام اور احسان مندی کے جذبات کے ساتھ کیا اور کہا کہ محض ڈاکٹر زورؔ کی توجہ دہانی کی بدولت میں نے تحقیق کے میدان میں قدم رکھا اور ان ہی کی مسلسل حوصلہ افزائی نے۔ مجھے مصنّف بنایا۔ تصنیف و تالیف کے مشغلہ کے بارے میں آپ نے کہا کہ ۱۹۴۸ء م ۱۳۵۵ ء میں میری پہلی کتاب "مشاہیر قندھار دکن" شائع ہوئی۔ ایم اے کا مقالہ "پریم چند اور ان کی افسانہ نگاری" ۱۹۴۲ء میں لکھا۔ یہ مقالہ دو قسطوں میں مجلہ طیلسانین میں شائع ہوا تھا۔ ادارۂ ادبیات اُردو کی فہرست مطبوعات جلد اول کی اشاعت جناب غلام رسول صاحب اور میری مشترکہ کوشش کا نتیجہ ہے، فہرست مطبوعات جلد دوم اور جلد سوم میں نے مرتب کیں۔

ادارہ کی فہرست مخطوطات جلد اول تا پنجم ڈاکٹر زورؔ نے مرتب فرمائیں۔ فہرست مخطوطات جلد ششم میں نے مرتب کی۔ اس کی کاپیوں کی تصحیح، پروف ریڈنگ اور اس کے اشاریہ (انڈکس) کی ترتیب کا کام ڈاکٹر محمد علی اثرؔ لکچرار اُردو عثمانیہ یونیورسٹی نے انجام دیا۔

دکھنیات پر اپنے تحقیقی کام کی تفصیل بیان کرتے ہوئے آپ نے کہا کہ میں نے مرزا محمد مقیم مقیمیؔ بیجاپوری کی مثنوی "چندر بدن و مہ یار" ۱۹۵۶ء میں ایڈٹ کی اور اسے شائع کیا۔ ابوالکلام آزاد اورنٹیل ریسرچ

انسٹی ٹیوٹ حیدر آباد کی طرف سے ۱۹۶۰ء میں، میں نے اس مثنوی کو ہندی رسم الخط میں بھی شائع کیا۔ میں نے غواصی کی مثنوی "سیف الملوک و بدیع الجمال" کو ایڈیٹ کیا ہے اور اسے اُردو سے ہندی میں منتقل کیا۔ ہندی کا ایڈیشن دکھنی پرکاشن سمیتی نے شائع کیا۔ ان دو مثنویوں کے علاوہ مرزا جمال اللہ عشق اورنگ آبادی کے دیوان "دیوانِ عشق" کو اپنے مقدمہ کے ساتھ ۱۹۶۰ء میں شائع کیا۔ حضرت شاہ برہان الدین جانمؒ بیجاپوری کی "کلمۃ الحقائق" کو اپنے مقدمہ کے ساتھ جولائی ۱۹۶۱ء میں مرتب اور شائع کیا۔

جناب صدیقی نے بتایا کہ "کشف الوجود" مثنوی سید شاہ داول بیجاپوری خلیفہ حضرت برہان الدین جانم اور اتالیق سید شاہ امین الدین علی اعلیٰ کو انہوں (صدیقی صاحب) نے ۱۹۶۵ء میں مرتب کرکے زیورِ طبع سے آراستہ کیا۔ خاتمہ پر فرہنگ (لغت کشف الوجود) بھی دی ہے۔

جناب محمد اکبر الدین صدیقی نے رسالہ "سب رس" کے ایڈیٹر کی حیثیت سے اس رسالے کے بعض اہم خصوصی شمارے مثلاً یادگارِ امجد (مئی ۱۹۶۱ء)، غالب نمبر (دو جلدوں میں)، یادگارِ ہاشمی (نصیر الدین ہاشمی نمبر)، بشیر النساء بیگم بشیر نمبر، یادگارِ زور (ڈاکٹر زور نمبر) بھی شائع کیے۔ آپ نظامس اُردو ٹرسٹ لائبریری کے رسالہ "مبصر" کے مرتب ہیں۔ "مبصر" کا تیرھواں شمارہ عنقریب شائع ہوگا۔

۱۹۷۲ء میں بابائے اُردو مولوی عبدالحق کے خطوط "خطوطِ عبدالحق" کے نام سے اپنے پیش لفظ کے ساتھ شائع کیے۔ سید محی الدین ابن سید محمود قادری کی فارسی تالیف صحیفہ اہلِ ہدیٰ (تذکرہ خاندان حضرت سید شاہ ابوالحسن قادری بیجاپوری) کا آپ نے اُردو میں ترجمہ کیا اور ستمبر ۱۹۶۶ء

میں شائع کیا۔ آپ نے حضرت برہان الدین جانم کا ارشادنامہ ۱۹۷۱ء میں اپنے مقدمہ کے ساتھ شائع کیا۔ اس کا پیش لفظ پروفیسر رفیعہ سلطانہ صاحبہ نے لکھا تھا۔

آپ نے بتایا کہ لچھمی نرائن شفیق کے تذکرہ شعرائے فارسی (کہ از ایران بہ ہند آمدہ بودند) "شام غریباں" کو ۱۹۷۷ء میں زیورِ طبع سے آراستہ کیا۔ یہ تذکرہ خوبصورت ٹائپ میں انجمن ترقی اردو پاکستان نے شائع کیا۔ اس میں "حرفے چند" کے زیر عنوان جناب جمیل الدین عالی معتمد اعزازی انجمن ترقی اردو پاکستان کی تحریر اور جناب صدیقی کا نوشتہ "مقدمہ" شامل ہیں۔

جناب صدیقی نے میر نظام الدین ممنونؔ دہلوی کے کلیات جلد اول (قصائد) کو مارچ ۱۹۷۲ء میں شائع کیا۔

مکتبہ جامعہ (نئی دہلی) کے زیر اہتمام آپ نے کلیات محمد قلی قطب شاہ کا "انتخاب" اپنے مقدمہ کے ساتھ ستمبر ۱۹۷۲ء میں شائع کیا۔

حضرت سید محمد بے نظیر شاہ وارثی بےنظیرؔ کے مجموعہ "کلام بےنظیر" کو آپ نے اکتوبر ۱۹۵۸ء میں مرتب کیا۔ دکنی ادب پر آپ کے ۲۳ مضامین کا مجموعہ "بجھتے چراغ" نومبر ۱۹۷۵ء میں شائع ہوا۔

محمد عبدالرحمٰن بارکر اور شاہ عبدالسلام نے جناب محمد اکبرالدین صدیقی کی اعانت کے ساتھ "نقشِ دل پذیر" جلد اول (A READER OF CLASSICAL URDU POETRY) ۱۳۹۶ھ میں شائع کی۔ اس کتاب میں اردو کے (۱۴۲) ممتاز شعراء کے کلام کا انتخاب اور ان کی مختصر سوانح ہے اس کتاب کے (PREFACE) میں محمد عبدالرحمٰن بارکر نے جناب صدیقی

کی ادبی خدمات کو ان الفاظ میں خراج تحسین ادا کیا ہے۔ (ONE OF THE ACKNOWLEDGED EXPERTS ON DAKKANI URDU) یہ کتاب یعنی "نقشِ دل پذیر" انگریزی مادری زبان والوں کے لئے جو اردو پڑھتے ہیں، مرتب کی گئی اور نیویارک (امریکہ) سے شائع ہوئی ہے اس میں لکھا ہے کہ کتاب کی تحقیق و تدوین، محکمہ صحت، تعلیم و بہبود حکومت ریاست ہائے متحدہ امریکہ کی مالی امداد سے پایۂ تکمیل کو پہنچی ہے۔

جناب صدیقی حیدرآباد سے باہر کے معیاری رسالوں کی خصوصی اشاعتوں کے لئے مضامین اور مواد بھیجتے رہتے ہیں۔ جناب مالک رام کے رسالہ "تحریر" (دہلی) کے کالم "وفیات" کے سلسلے میں آپ نے حیدرآباد کے مرحوم شاعروں اور ادیبوں سے متعلق ضروری مواد ارسال کیا۔

مجلس ترقی ادب لاہور نے مقالاتِ سر سید کی سولہ جلدیں شائع کیں۔ جناب صدیقی نے بتایا کہ انہوں نے ان جلدوں میں اشاعت کے لئے حیدرآباد سے سر سید احمد خاں کی ۱۸۷۸ء میں تصنیف کی ہوئی کتاب "قدیم نظام۔ دیسی ہندوستان" بھیجی تھی جسے مقالات سر سید حصہ شانزدہم میں شائع کیا گیا اور اس جلد میں جناب صدیقی کا شکریہ بھی ادا کیا گیا ہے۔

نقوش (لاہور) نے جناب صدیقی کے حیدرآباد سے بھیجے ہوئے میر تقی میر کے فارسی دیوان کی فوٹو کاپی ۱۹۸۲ء میں شائع کی۔ "نقوش" کے اس نمبر میں "میر کی فارسی شاعری" پر جناب صدیقی کا مضمون بھی شامل کیا گیا ہے۔ صدیقی صاحب نے "نقوش" کے مثنوی نمبر کے لئے حیدرآباد سے دس بارہ مثنویاں ارسال کی تھیں۔ مثنوی نمبر ابھی شائع نہیں ہوا۔

ادارۂ ادبیات اُردو حیدرآباد کی طرف سے شائع شدہ "مرقع سخن" جلد اول اور جلد دوم میں محمد اکبر الدین صدیقی صاحب نے چار چار شعرا کے بارے میں مضامین لکھے تھے۔ ناگپور کے (ARCHIALOGIA INDICA) میں بھی آپ کے مضامین شائع ہوئے تھے۔

حیدرآباد کے اسکولوں کے لئے صدیقی صاحب نے درسی کتابیں بھی مرتب کی تھیں، اس کے علاوہ، مرہٹواڑہ اور کیرالا یونی ورسٹی کے تحت ہائی اسکولوں کے لئے اور میسور میں انٹرمیڈیٹ کے لئے آپ کی مرتب کردہ نصابی کتابیں پڑھائی جاتی رہی ہیں۔ حیدرآباد میں ۱۹۵۴ء تا ۱۹۵۶ء اور مرہٹواڑہ میں ۱۹۵۶ء میں اور کیرالا میں ۱۹۶۰ء میں یہ کتابیں نصاب میں شامل کی گئی تھیں۔

۱۹۷۸ء میں پرنسٹن، نیوجرسی (امریکہ) سے رچرڈ میکسول ایٹن (SUFIS OF BIJAPUR 1300-1700) شائع کی تھی۔ اس کتاب کی تدوین میں جناب صدیقی صاحب نے بھی مرتب کو مفید مشورے دیئے تھے، جس کا رچرڈ میکسول ایٹن نے اپنے (PREFACE) میں شکریہ ادا کیا ہے۔

دکھنیات میں صدیقی صاحب کا ایک اور کارنامہ ابنِ نشاطی کی "پھول بن" کی اشاعت ہے اس میں آپ کا مقدمہ اور آپ کی مُرتبہ فرہنگ بھی شامل ہے۔ یہ مثنوی ترقی اُردو بیورو، نئی دہلی کی طرف سے شائع ہو چکی ہے۔

میں نے صدیقی صاحب سے یہ خواہش بھی کی تھی کہ ملازمت کے دوران کا کوئی یادگار واقعہ ہوا ہو تو اس کا تذکرہ بھی ہو جائے۔ اس سلسلے

میں آپ نے کہا کہ میری ملازمت کے ابتدائی دور میں سٹی کالج میں ولی اورنگ آبادی کا جشن منایا گیا۔ اتنے بڑے اور شاندار پیمانہ کا جشن، میں نے کبھی نہیں دیکھا، اس جشنِ یادگار ولی کی سرپرستی نواب یوسف علی خاں سر سالار جنگ سوم نے فرمائی تھی جس کے لئے کتب خانہ، سالار جنگ، کتب خانہ آصفیہ (موجودہ اسٹیٹ سنٹرل لائبریری، حیدرآباد) سے دکنی مخطوطات حاصل کئے گئے تھے۔ آغا حیدر حسن صاحب نے بھی اس نمائش کے لئے اپنے ذاتی کتب خانہ سے دکنی مخطوطات عنایت کئے تھے۔ یادگارِ ولی کے انعقاد کے سلسلے میں مولوی عبدالحق، ڈاکٹر زورؔ، پروفیسر ابوظفر عبدالواحد، پروفیسر عبدالقادر سروری اور پروفیسر سید محمد نے بہت سرگرمی سے حصہ لیا تھا۔

جناب علیم الدین تاجر کتب نے اپنی طرف سے دیوانِ ولی کے بعض نسخے نمائش میں رکھے تھے۔ ولی کے متعدد دیوان، نمائش میں جمع ہو گئے تھے۔ یادگار ولی کے سلسلے میں منعقدہ بعض اجلاسوں میں نواب بسالت جاہ اور نواب اعظم جاہ بہادر نے بھی بہ نفس نفیس شرکت فرمائی تھی۔

صدیقی صاحب اس زمانے میں سٹی کالج کے ہائی اسکول سکشن میں ٹیچر تھے سٹی کالج کے میگزین "الموسی" کا "یادگار ولی نمبر" بڑے اہتمام سے شائع کیا گیا تھا۔ یادگار ولی کے ایک اجلاس میں نواب سالار جنگ نے مجلس اشاعت دکنی مخطوطات کے قیام کا اعلان فرمایا۔ صدیقی صاحب سے میں نے ان کی طالب علمی کے دور کے کسی دلچسپ یا یادگار واقعہ کی یاد تازہ کرنے کی درخواست کی تو آپ نے کہا کہ نواب میر عثمان علی خان آصف سابع کی سلور جوبلی کا زمانہ تھا۔ یونی ورسٹی کے طلباء نے جوش و خروش کے ساتھ،

امتحانات کے ملتوی کرنے کا مطالبہ کیا۔ اس زمانے میں مسٹر میکنزی پرو وائس چانسلر عثمانیہ یونی ورسٹی تھے۔ طلبا سے ان کا سلوک مشفقانہ رہا۔

انٹرویو کے آخری تین سوالوں میں سے ایک سوال تھا: آپ نے اپنی سوانح عمری لکھنے کے بارے میں بھی کبھی سوچا ہے؟ صدیقی صاحب نے اس سوال کا نفی میں جواب دیا اور کہا میرا ایسا کوئی ارادہ بھی نہیں ہے۔ میرا ایک اور سوال تھا: کیا وہ سب کام پایہ تکمیل کو پہونچ گئے جنھیں آپ کرنا چاہتے تھے؟ آپ نے کہا کہ کبھی کوئی خاص پروگرام پیش نظر نہیں رہا۔ میں ایک ٹیچر تھا اور ٹیچر (سچ پوچھیے تو) بڑے خواب کبھی دیکھ نہیں سکتا۔ میں نے جو کچھ بھی کیا ہے اور اردو زبان و ادب کی خدمت مجھ سے جس قدر بھی ہو سکی، اس میں ہمیشہ خداوند تعالیٰ کی مدد میرے شامل حال رہی۔ میرے اس سوال کا جواب آپ نے میر تقی میر کا یہ شعر پڑھتے ہوئے دیا ؎

کام تھے عشق میں بہت سے میر
ہم ہی فارغ ہوئے شتابی سے

آخر میں صدیقی صاحب کا شکریہ ادا کرتے ہوئے میں نے درخواست کی کہ وہ "نئی نسل" کے نام کوئی پیام عنایت فرمائیں۔ صدیقی صاحب نے کہا کہ کام اور پیشہ میں لگن کے بغیر کامیابی ناممکن ہے۔ ہر معاملہ میں دیانت داری بے حد ضروری ہے۔ تحقیق اور ادبی معاملات میں حوالوں کی صراحت اسکالر اور ادیب کا اخلاقی فریضہ ہے۔ *

منتخب خاکوں اور مضامین کا ایک اور مجموعہ

کچھ چہرے کچھ باتیں

مصنف : منظور احمد

بین الاقوامی ایڈیشن منظر عام پر آچکا ہے